Książka pt. „Jak stać się odważnym" napisana jest na podstawie wykładu wygłoszonego przez Andrzeja Moszczyńskiego.

Andrzej Moszczyński jest autorem 23 książek, 34 wykładów oraz 3 kursów. Pasjonuje go zdobywanie wiedzy z obszaru psychologii osobowości i psychologii pozytywnej.

Ponad 700 razy wystąpił jako prelegent podczas seminariów, konferencji czy kongresów mających charakter społeczny i charytatywny.

Regularnie się dokształca i korzysta ze szkoleń takich organizacji edukacyjnych jak: Harvard Business Review, Ernst & Young, Gallup Institute, PwC.

Jego zainteresowania obejmują następujące tematy: potencjał człowieka, poczucie własnej wartości, szczęście, kluczowe cechy osobowości, w tym między innymi odwaga, wytrwałość, wnikliwość, entuzjazm, wiara w siebie, realizm. Obszar jego zainteresowań stanowią również umiejętności wspierające bycie zadowolonym człowiekiem, między innymi: uczenie się, wyznaczanie celów, planowanie, asertywność, podejmowanie decyzji, inicjatywa, priorytety. Zajmuje się też czynnikami wpływającymi na dobre relacje między ludźmi (należą do nich np. miłość, motywacja, pozytywna postawa, wewnętrzny spokój, zaufanie, mądrość).

Od ponad 30 lat jest przedsiębiorcą. W latach dziewięćdziesiątych był przez dziesięć lat prezesem spółki działającej w branży reklamowej i obejmującej zasięgiem cały kraj. Od 2005 r. do 2015 r. był prezesem spółki inwestycyjnej, która komercjalizowała biurowce, hotele, osiedla mieszkaniowe, galerie handlowe.

W latach 2009-2018 był akcjonariuszem strategicznym oraz przewodniczącym rady nadzorczej fabryki urządzeń okrętowych Expom SA. W 2014 r. utworzył w USA spółkę wydawniczą. Od 2019 r. skupia się przede wszystkim na jej rozwoju.

www.andrewmoszczynski.com

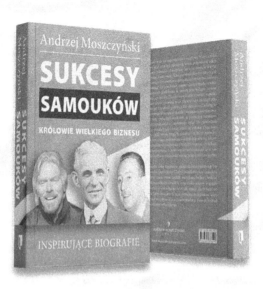

Każdy z nas jest niepowtarzalny i wyjątkowy. Wszyscy rodzimy się z naturalną ciekawością świata, pragnieniem odkrywania, poznawania i tworzenia. Jak to się dzieje, że ta wyjątkowość, kreatywność, radość i swoboda ekspresji zatracają się gdzieś podczas dorastania i przypadającej na ten czas edukacji szkolnej? Czy powszechne systemy edukacji oparte na oświeceniowym przekonaniu, że wszyscy przychodzimy na świat jako „czysta tablica", którą można dowolnie zapisać, wspierają nasz rozwój i rozwijają nasze zdolności, czy jest wręcz przeciwnie? Czy szkoła, próbująca nas ukształtować według narzuconego przez system modelu i starająca się nas wpasować w ramy społecznych oczekiwań, na pewno jest warunkiem odniesienia sukcesu i spełnionego życia? Nie potwierdzają tego przykłady ludzi, którzy zdołali się wyłamać z tego systemu i pójść własną drogą. To samoucy – ci, którzy mimo braku formalnego, systemowego wykształcenia odnoszą sukcesy w przeróżnych dziedzinach i branżach, tworząc, wynajdując, unowocześniając, a często wręcz rewolucjonizując życie swoje i współczesnych im ludzi, czyniąc je lepszym i łatwiejszym.

Książka Sukcesy samouków – Królowie wielkiego biznesu, zawiera pięćdziesiąt biogramów nieprzeciętnych ludzi – przedsiębiorców samouków, którzy często wbrew ciężkim warunkom, biedzie i brakowi szkolnej edukacji odnieśli w życiu wielkie sukcesy, w sposób zasadniczy wpływając na świat, jaki znamy. Niech będą one dla Ciebie dowodem na to, że spełnione życie i sukces zależą przede wszystkim od pracy i samodzielnego rozwoju, a nie od formalnego wykształcenia.

Szczegóły dostępne na stronie: www.andrewmoszczynski.com

Jak stać się odważnym

Zespół autorski:
Andrew Moszczynski Institute LLC

Redaktor prowadzący:
Alicja Kaszyńska

Zastępca redaktora prowadzącego:
Dorota Śrutowska

Redakcja:
Ewa Ossowska, Anna Skrobiszewska

Korekta:
Dorota Śrutowska

Konsultacja merytoryczna:
dr. Zofia Migus

Projekt graficzny:
Sowa Druk

ISBN: 978-83-65873-63-7

Wszelkie prawa zastrzeżone

Copyright © Andrew Moszczynski Institute LLC 2020

Andrew Moszczynski Institute LLC
1521 Concord Pike STE 303
Wilmington, DE 19803, USA
www.andrewmoszczynski.com

Licencja na Polskę:
Andrew Moszczynski Group sp. z.o.o.
ul. Grunwaldzka 472, 80-309 Gdańsk
www.andrewmoszczynskigroup.com

Licencję wyłączną na Polskę ma Andrew Moszczynski Group sp. z.o.o. Objęta jest nią cała działalność wydawnicza i szkoleniowa Andrew Moszczynski Institute. Bez pisemnego zezwolenia Andrew Moszczynski Group sp. z.o.o. zabrania się kopiowania i rozpowszechniania w jakiejkolwiek formie tekstów, elementów graficznych,
materiałów szkoleniowych oraz autorskich pomysłów sygnowanych znakiem firmowym AMI.

REKOMENDACJE

Piotr Borowiec

Jak żyć? To proste pytanie. A jednocześnie niezwykle otwarte. Trudno więc znaleźć odpowiedź, która prostotą i obszernością mogłaby mu dorównać. Bo *nie istnieje uniwersalny przepis na życie czy recepta na szczęście*. Na szczęście! Bo dzięki temu jest do czego w życiu dążyć. Więc człowiek docieka - gdyż jest to wpisane w jego naturę. I szuka – odpowiedzi czy metody. A, czasem, i nie szukając – natrafia… I nawet jeśli nie jest to odpowiedź wprost – tylko rodzaj podpowiedzi – to czemu nie skorzystać?

Na naprowadzające podpowiedzi i przykłady natknąłem się przy okazji nagrywania kolekcji audio-wykładów AMI. Poruszane w nich wątki dotyczą wnikliwości, wytrwałości, wiary w siebie, entuzjazmu, odwagi czy tego jak starać się być realistą. W trakcie nagrań w wielu miejscach utożsamiałem się z przedstawianymi treściami, a ich przekaz był dla mnie klarowny, interesujący i inspirujący. Sądzę, że *dla wielu osób wykłady te mogą być bardzo pomocnym narzędziem w próbie skonfrontowania się z samym sobą.*

A na pewno są ciekawym materiałem do przemyśleń w kontekście pytania: „Jak żyć?"

P.S. Przypomniały mi się słowa jednej z piosenek Wojciecha Młynarskiego, które – w swej lapidarności i trafności - przybliżają się do postawionego na początku pytania jako odpowiedź niemal idealna: „Do przodu żyj!" :)

Olgierd Łukaszewicz

Sam dość wcześnie wiedziałem, czego chcę, i dążyłem do osiągnięcia moich celów. Jednak dopiero w wieku dojrzałym zacząłem wnikliwej się sobie przyglądać i smakować życie. Cieszę się każdą jego chwilą. Chciałbym, by zawsze przynosiło mi ono satysfakcję.

Ludzie, zarówno młodzi, jak i ci starsi, *dzięki tym wykładom – przystępnym i jasnym – mogą zdobyć wiedzę, która pozwoli im iść przez życie aktywnie i twórczo, czyli odczuwać jego pełnię. Te wykłady pokazują, że istotą pozytywnej zmiany, tak upragnionej przez nas, nie jest bierne oczekiwanie na zrządzenie losu, a świadomy rozwój i konsekwentne budowanie własnej dojrzałości. Uczą też, jak praktycznie wzmacniać wiarę w siebie, wnikliwość, wytrwałość, odwagę, entuzjazm i realizm – kluczowe cechy, które rzeczywiście pomagają spełniać marzenia i realizować najbardziej ambitne plany.* Warto z tego skorzystać.

dr Zofia Migus

Patrząc na kolekcję wykładów przygotowaną przez Instytut i znając już ciekawą tematykę całości, zwróciłam uwagę na dwa aspekty. Przede wszystkim unikatowa forma przekazu treści. Większości z nas wyraz wykład kojarzy się ze statycznym, jednostronnym przekazem informacji. Uczeń, student, słuchacz siedział, a nauczyciel przekazywał treści dydaktyczne bardziej lub mniej interesująco. Jednak twórcy kolekcji odeszli od tego schematu. Wykłady zostały skonstruowane w inny sposób, dużo bardziej nowoczesny, chociaż nawiązujący do sokratejskich metod nauczania. Każdy z nich zawiera wiele pytań skierowanych do słuchacza, aby mógł już podczas czytania zatrzymać się i przemyśleć usłyszane treści. Wsparciem tego procesu są unikatowe ćwiczenia, które inspirują do formułowania własnych sądów i do tworzenia własnego punktu widzenia. To ogromna pomoc, a jednocześnie spełnienie zasady stosowania praktycznego działania w procesie poznawczym.

Drugi aspekt to przydatność publikacji. Moją uwagę zwróciło połączenie różnych kręgów odbiorców, zwłaszcza odbiorcy indywidualnego (w różnym wieku) z biznesowym. Autorzy wykładów wychodzą bowiem z nadzwyczaj słusznego, niestety nie zawsze docenianego założenia, że *na sukces firmy w głównej mierze składa się powodzenie każdego pojedynczego człowieka, który w niej pracuje*. Niezależnie od tego, jakie stanowisko zajmuje. W związku z tym dbałość o samopoczucie pracownika i jego życiową satysfakcję powinna stać się ważnym zadaniem dla zarządów firm i gremiów kierowniczych. Wykłady, które podejmują wiele ważkich tematów z dziedziny rozwoju osobistego mogą stać się istotną pomocą w realizacji tego zadania. Tym samym mogą przyczynić się do *wzmocnienia identyfikowania się z firmą, wzrostu motywacji, kreatywności, a także tolerancji na zmieniające się środowisko pracy*. Pomoże to w osłabieniu lub nawet eliminacji tak niekorzystnych zjawisk jak nadmierna absencja, fluktuacja kadr czy wypalenie zawodowe.

Jako filozof, nauczyciel i doradca biznesowy *polecam więc te kolekcję zarówno ludziom,*

pragnącym zmienić swoje życie prywatne, jak i firmom, których zamiarem jest stworzenie organizacji na miarę XXI wieku, efektywnej i satysfakcjonującej właścicieli oraz pracowników.

Grażyna Wolszczak

Wielką przyjemnością było dla mnie nagrywanie tych wykładów, bo ich tezy w dużym stopniu odzwierciedlają moje poglądy. *Jestem przekonana, że życie powinno przynosi satysfakcję, że trzeba myśleć pozytywnie, że każdy z nas potrzebuje wiary w siebie i innych kluczowych cech umożliwiających urzeczywistnienie własnych marzeń.* Wydaje się, że właściwie wszyscy dobrze o tym wiemy, ale czy na pewno? A jeśli nawet, to czy stosujemy tę wiedzę w praktyce?... Czy jesteśmy wystarczająco wnikliwi, żeby dostrzegać szanse, które życie nam stwarza?... Czy mamy w sobie dosyć wytrwałości, by zrealizować plany?… Czy odważnie wykorzystujemy swoje talenty i uzdolnienia?… Czy entuzjastycznie podchodzimy do zadań?… Czy jest w nas pozytywny realizm, który pozwala śmiało patrzeć w przyszłość i nie popadać w narzekanie?…

Niewiele osób na te wszystkie pytania odpowie „tak", mimo że *każdy chciałby mieć życie ekscytujące, przynoszące radość i dające poczucie spełnienia. Wierzę, że te wykłady mogą*

pomóc to osiągnąć, zwłaszcza tym, którzy po raz pierwszy zetkną się z literaturą z tej dziedziny. Zawierają cenne wskazówki i dużą dawkę praktycznej wiedzy o możliwościach rozwoju osobistego. Ta wiedza przekonuje, bo jest oparta na doświadczeniu ludzi, którzy potrafili zdobyć naprawdę wiele. Analiza ich postaw może stanowić prawdziwą zachętę do rozpoczęcia zmian we własnym życiu.

Jestem urodzoną optymistką. Moja szklanka jest zawsze do połowy pełna. Mimo różnych zawirowań życiowych wierzę, że jeśli człowiek jest zadowolony z życia, jeśli lubi siebie i innych, potrafi wyjść obronną ręką z każdej sytuacji, nawet bardzo trudnej. Cieszę się, że mogłam brać udział w realizacji tak inspirujących wykładów.

Spis treści

Jak stać się odważnym 23
Część utrwalająca 69
Słowniczek 105
Źródła i inspiracje 113

Jak stać się odważnym

Narrator
Co czujesz, gdy myślisz… odwaga? Czy jej posiadanie jest dla Ciebie równoznaczne z wyzbyciem się strachu? To pytanie tylko na pozór wydaje się pozbawione sensu. Dlaczego? Ponieważ tych, którzy deklarują brak strachu, częściej podejrzewa się o ryzykanctwo niż o odwagę.

Bezsprzecznie odważni musieli być strażacy, którzy uczestniczyli w akcji ratunkowej po zamachu terrorystycznym na World Trade Center w Nowym Jorku 11 września 2001 roku. „Iść dalej, czy wrócić?", „Szukać zaginionych, którzy być może już nie żyją, czy ratować siebie?". Takie dylematy zapewne pojawiały się wtedy w ich umysłach. Skąd czerpali odwagę w tej ekstremalnej sytuacji? Być może zawód strażaka, wojskowego lub policjanta przyciąga ludzi odważnych z natury. Jednak to zapewne zbyt mało, by wystarczyło w tak trudnych chwilach. Ci, którzy brali udział w ryzykownej akcji ratunkowej, musieli mieć odpowiednie przygotowanie. Złożyły się na nie lata treningów, symulacji, uczenia się teorii i zdobywania praktyki. Wiedza i doświadczenie wpływają bowiem na działanie, pozwalają ograniczyć lęk, wypełniać zobowiązania i podejmować racjonalne, a zarazem odważne decyzje.

Odwaga polega na przyjmowaniu odpowiedzialności za skutki własnych wyborów oraz na przełamywaniu strachu, który może sparaliżować i skłonić do rezygnacji z marzeń i planów. Czy niezbędna jest jedynie tym, którzy wykonują ryzykowne zajęcie lub tym, którzy oczekują od życia więcej niż przeciętny człowiek? Oczywiście, że nie. Odwagi potrzebujemy wszyscy: kucharz, prezes korporacji, właściciel pralni chemicznej, rybak, nauczyciel i bibliotekarz. W życiu wielokrotnie stykamy się z trudnymi lub niebezpiecznymi sytuacjami. Dlatego tak ważne jest, by nauczyć się panować nad strachem i przechodzić przez każde doświadczenie zwycięsko.

Sięgnij do własnych wspomnień. Ile razy zrezygnowałeś z wejścia do budynku, którego nie znasz? Ile razy nie zdecydowałeś się na udział w spotkaniu towarzyskim tylko dlatego, że miałeś pójść tam sam? Ile razy nie ujawniłeś swoich planów, bo bałeś się wyśmiania? Ile razy lęk przed niewiadomym zablokował Twój pomysł szukania nowej pracy mimo niechęci do dotychczas wykonywanej? Sytuacje rodzące obawy dotyczą prawie każdego z nas. Jednak jak powiedział Ralph Waldo Emerson: „By nakreślić kurs działania i zrealizować go do końca, potrzeba Ci odwagi żołnierza".

Prelegent

Kto pierwszy okazał się naprawdę odważnym człowiekiem? Ten, który musiał bronić siebie lub swojej rodziny przed zwierzętami? Czy może ten, który starał się ochronić ją przed innymi ludźmi? Pierwotna odwaga była związana przede wszystkim z lękiem przed śmiercią. To niezwykle silny lęk, wynikający z fizjologii. Do pewnego momentu można sobie z nim radzić unikiem i ucieczką, jednak gdy jego poziom przekroczy pewien próg, człowiek musi wykazać się odwagą i przystąpić do walki. Czy pierwsi ludzie zastanawiali się nad tym, czym jest odwaga? Tego nie wiemy, na pewno jednak od zawsze ją ceniono. Świadczą o tym choćby malowidła naskalne z czasów prehistorycznych odkrywane co jakiś czas w jaskiniach, przedstawiające zmagania z groźnymi zwierzętami.

A jak rozumieli pojęcie odwagi antyczni Grecy? Początkowo wiązało się ono wyłącznie z męstwem widocznym w walce. Mężny był ten, kto nie zważając na ryzyko utraty życia lub zdrowia, stawał do starcia z przeciwnikiem. Doskonałym przykładem takiej postawy może być Leonidas, król rządzący Spartą w końcu V wieku p.n.e. Władca ten w 480 roku p.n.e. wsławił się bohaterską obroną wąwozu pod Termopilami, gdzie niewielkimi siłami zatrzymał kilkakrotnie liczniejszą i znacznie lepiej uzbrojoną armię perską. Leonidas do dziś jest symbolem męstwa i poświęcenia dla wartości. Hołd jego pamięci oddają zarówno współcześni Grecy, jak i obcokrajowcy przybywający obejrzeć miejsce słynnej bitwy i pomnik mężnego wodza.

> Bohater nie jest odważniejszy od zwykłego człowieka, ale jest odważny pięć minut dłużej.
> RALPH WALDO EMERSON

Kiedy pojęcie męstwa wyszło poza pola bitew i areny widowiskowych pojedynków? Za kluczowy moment przyjmuje się śmierć Sokratesa. Wielkiego myśliciela sądzono za bezbożność i psucie młodzieży. I chociaż ateński sąd ludowy nie był jednomyślny, w końcu ogłoszono wyrok: kara śmierci przez wypicie cykuty. Sokrates miał 30 dni, by uciec lub próbować się odwołać, ale kategorycznie odmówił skorzystania z któregokolwiek z tych wyjść. Po upływie oznaczonego czasu wypił truciznę w obecności swoich uczniów i przyjaciół. To najstarszy szeroko znany przykład męstwa i śmierci w obronie własnych poglądów.

Od tamtej pory odwaga w rozważaniach myślicieli starożytnych ma dwa oblicza. Jedno to oblicze mężnego żołnierza, drugie – to dzielność człowieka wykazywana w różnych innych sytuacjach, czyli – siła ducha. Oba przypadki łączy gotowość do złożenia największej ofiary, ofiary z własnego życia. Męstwo, zdaniem Platona i Arystotelesa, prowadzi do doskonałości i daje możliwość pokazania lepszej strony swojej natury. Siła ducha jest konieczna, by bronić własnych poglądów i wygłaszać je, nawet jeśli nie podobają się innym.

Największą słabością jest poddawanie się. Najpewniejszą drogą do sukcesu jest próbowanie po prostu jeszcze jeden raz. THOMAS EDISON

Taką odwagą wykazali się na przykład Kopernik i Galileusz. Mikołaj Kopernik wbrew nauce Kościoła zdecydował się publicznie ogłosić, że to Słońce, a nie Ziemia znajduje się w centrum wszechświata. Nie zmienił zdania nawet wtedy, gdy szanowani astronomowie, filozofowie i teologowie tamtych czasów odrzucili jego teorię. Opór przed przyjęciem nowej wiedzy był niezwykle silny. Dzieło Kopernika zostało umieszczone na indeksie ksiąg zakazanych, z którego usunięto je dopiero w 1757 roku, czyli 214 lat po śmierci astronoma. Zmarł w tym samym roku, w którym wydał swe wiekopomne dzieło, nie spotkały go więc szykany ze strony Kościoła i zwolenników teorii geocentrycznej, uważających Ziemię za centrum kosmosu.

Mniej szczęścia miał Galileusz. Ten – jak go się dziś nazywa – twórca fizyki współczesnej, astronom i astrolog, był przekonany, że heliocentryczna teoria Kopernika jest słuszna. Nie zawahał się o tym napisać w *Dialogu o dwóch najważniejszych systemach świata: ptolemeuszowym i kopernikowym*. Za „herezję" trafił pod sąd papieski. Przyjął nałożone na niego kary ze spokojem. Wygłosił nawet formułę odwołania własnych poglądów, ale… później, podczas dyskusji z innymi uczonymi, stale do nich wracał. Podobno nawet na łożu śmierci powiedział: „A jednak się kręci".

Narrator
To, że dzisiaj większość z nas nie musi walczyć o byt za pomocą oręża, nie musi się zmagać z dzikimi zwierzętami, nie oznacza, że odwaga przestała się liczyć. Nadal jest konieczna, jeśli trzeba stanąć w obronie rodziny lub ojczyzny. Na szczęście zapotrzebowanie na ten rodzaj męstwa jest coraz mniejsze. Dobrze by było, gdyby kiedyś w ogóle zanikło, a ludzie nauczyli się żyć ze sobą w zgodzie i rozwiązywać konflikty pokojowo, bez walki i agresji. Wzrasta natomiast

i prawdopodobnie nadal będzie rosnąć potrzeba odwagi rozumianej jako siła ducha. Ta cecha pozwala śmiało kroczyć do przodu, stawać naprzeciw wszelkim życiowym trudnościom i skutecznie je pokonywać. Tak rozumiana odwaga powinna być dla współczesnego człowieka celem samym w sobie.

Prelegent

Czym więc jest odwaga? Niełatwo odpowiedzieć jednoznacznie na to pytanie. Dla niektórych odważny będzie ten, kto zawsze staje na pierwszej linii frontu lub podejmuje działania ryzykowne, zagrażające życiu. Czy jednak odwagę poszukiwacza przygód można zrównać z odwagą człowieka, który stanął w obronie słabszego lub swoich poglądów? Czy osoba skacząca z 10. piętra płonącego wieżowca postępuje odważnie? A może do działania popycha ją wyłącznie strach? Czy odwaga napędzana strachem jest warta tyle samo, co okazywana z pełną świadomością jej konsekwencji?

Odwaga i wytrwałość są magicznymi talizmanami, przed którymi trudności znikają, a przeszkody rozpływają się w powietrzu. JOHN QUINCY ADAMS

Spróbujmy precyzyjniej zdefiniować odwagę. Z dotychczasowych rozważań wynika, że odwaga to świadoma, śmiała i zdecydowana postawa wobec życia. To także wypowiadanie się i postępowanie zgodnie z własnymi wartościami i przekonaniami bez względu na konsekwencje oraz umiejętność zmiany poglądów, jeśli okażą się błędne. Ludzie posiadający tę cechę realizują swoje marzenia i osiągają cele. Odwaga daje wolność rozumianą jako możliwość i zdolność decydowania o sobie. Jest potrzebna zarówno w życiu prywatnym, jak i zawodowym. Szczególnego znaczenia nabiera wówczas, gdy traktujemy ją jako gotowość przeciwstawienia się presji środowiska. Człowiek odważny, po pokonaniu lęków wewnętrznych, potrafi iść do przodu na przekór utartym schematom, nieprzychylnym opiniom, złośliwościom, a w skrajnych przypadkach nie zawaha się także przeciwstawić otwartej wrogości. Cecha ta naraża na nieprzyjemne zdarzenia, jednocześnie jednak budzi podziw innych i daje poczucie satysfakcji, że jesteśmy kowalami własnego losu.

Zastanawiasz się, skąd czerpać odwagę? Każdy z nas ją ma, ale nie u wszystkich jest jednakowo rozwinięta. Niektórzy wydają się nią obdarzeni w większym stopniu niż inni. Widać to już w dzieciństwie. Gdy wiele maluchów długo raczkuje lub chodzi nieporadnie, trzymając się ściany albo maminej ręki, inne śmiało biegną do przodu, nie bacząc na niebezpieczeństwo. Rodzice zwykle mają z nimi sporo kłopotu. Takie dzieci nie boją się obcych, nie zatrzymują się nieśmiało przed schodami, nie chronią się za plecami rodziców albo starszego rodzeństwa. Tak właśnie w najwcześniejszym dzieciństwie manifestuje się wrodzona odwaga.

Efekt? Jeśli takie dzieci zostaną **właściwie wychowane**, wyrosną z nich dorośli, którzy potrafią bronić swoich opinii, nawet gdy inni ich nie podzielają. Mają skrystalizowane poglądy, nie boją się krytyki, jasno wyrażają swoje racje i szukają dla nich poparcia. Zwykle mierzą wysoko i dobrze sobie radzą z przeciwnościami, więc z sukcesem realizują kolejne zamierzenia.

By nakreślić kurs działania i zrealizować go do końca potrzeba Ci odwagi żołnierza. RALPH WALDO EMERSON

Niestety, ludzi szczodrze obdarzonych odwagą nie jest wielu. Większość z nas powinna tę cechę dopiero rozwinąć. Dobrze by było rozpocząć jak najwcześniej. Jednak tu pojawia się problem. Odwaga dziecka czy młodego człowieka budzi troskę i obawę rodziców, nauczycieli, opiekunów o jego zdrowie, życie i przyszłość. Rodzice chcą, by ich dzieci były bezpieczne i zachowywały się grzecznie. Dlatego odgradzają je od zagrożeń i niedogodności. Niekiedy celowo hodują w nich lęki. Czy dziecko nieustannie straszone, na przykład oddaniem w „obce ręce", będzie odważnie szukało nowych dróg? Nazbyt często rodzice uczą też konformizmu i tego, że mając zdanie przeciwne do sądu większości, nie warto się odzywać. Nakłanianie dziecka do ciągłego ustępowania innym jest tak samo błędne, jak przekonywanie go, że liczy się tylko jego pogląd i nie jest ważne, co myślą i mówią inni ludzie. W ten sposób nie wychowa się człowieka odważnego, lecz egoistę.

Podobnie złe skutki mają kary, zwłaszcza za nieudane przedsięwzięcia. Jeśli dziecko chciało na przykład przygotować kolację, a przy okazji potłukło jakieś naczynia, warto powstrzymać się od uwag typu: „Po co się za to brałeś?", Przecież nie umiesz". Czy ci, którzy tak mówią, urodzili się już ze wszystkimi umiejętnościami i nigdy niczego nie potłukli, niczego nie wysypali i niczego nie zniszczyli? Czy nigdy nie podjęli złej decyzji lub nie znaleźli się ze swojej winy w trudnej sytuacji?

Ważny jest za to własny przykład. Warto zadbać o spójność swoich zachowań. Dziecko, które obserwuje, że w domu ojciec mówi o swoim szefie źle i krytykuje jego decyzje, a przy bezpośrednim spotkaniu wygłasza głośne pochwały działań tej samej osoby, będzie miało kłopot z uwierzeniem, że prawda i odwaga to istotne wartości. Nauczy się raczej dwulicowości i oportunizmu. Dobrego wzoru nie da też ojciec sfrustrowany pracą, którą wykonuje tylko dlatego, że – jak mówi – musi wyżywić rodzinę. Dziecko nie rozumie, dlaczego jego rodzic po prostu nie rzuci znienawidzonego zajęcia i nie znajdzie sobie innego. Jednak z czasem lęki i obawy, które paraliżują ojca, przenoszą się na młodego człowieka. Uczą go godzenia się z najgorszą nawet rzeczywistością. Zniechęcają do podejmowania prób znajdowania i realizowania celów. Zupełnie inaczej działa przykład rodzica zadowolonego z pracy i życia, rodzica, który jest człowiekiem spełnionym i potrafi podejmować trudne decyzje.

> Kto nie ma odwagi do marzeń, nie będzie miał siły do walki. PAUL ZULEHNER

Jak widać, mądre, kształtujące odwagę wychowanie polega na przekazywaniu dzieciom i młodym ludziom dobrych wzorców oraz dawaniu kontrolowanej samodzielności. W miarę upływu lat powinna być ona coraz większa. Istotne jest też wspieranie w każdej sytuacji. Nawet bardzo trudnej. Młodzi ludzie, szukając własnej drogi życiowej, potrafią poplątać sobie życie. Po każdym niepowodzeniu, zawinionym lub nie, dzieciom trzeba pomóc. Rodzic powinien wzmocnić odwagę dziecka, szukając razem z nim wyjścia, a nie dołączać do chóru potępiającego jego zachowanie. Ważna może się okazać rzeczowa rozmowa i wskazywanie konsekwencji różnych decyzji, pozytywnych i negatywnych. Należy się jednak wstrzymać od wymuszania jakiegoś konkretnego postępowania. Zamiast rozstrzygać za dziecko, lepiej pokazać mu, jak analizować sytuację, jak szukać jej mocnych i słabych stron, a potem pozwolić na tej podstawie podejmować samodzielne decyzje, oczywiście w rozsądnych granicach wynikających z wieku dziecka. W ten sposób uczy się dzieci odpowiedzialności i odwagi.

Istotne jest też, by dzieci w towarzystwie rodziców uczyły się radzenia sobie z wyzwaniami w sytuacjach niewymuszonych aktualnymi wydarzeniami. Co należy przez to rozumieć? Nic innego jak wspólną zabawę. Mogą to być wizyty w parku linowym lub wycieczki rowerowe, rodzinne nurkowanie czy chodzenie po górach. Obecność rodzica i wspólne działanie zmniejsza poczucie lęku u dziecka, otwiera nowe horyzonty, daje poczucie uczestnictwa we wspólnocie i dużo radości. Odwaga rodzica oraz jego umiejętność stawiania czoła przeciwnościom najskuteczniej wzmocni odwagę dziecka.

Narrator

Co zrobić, jeśli nie zostaliśmy obdarzeni odwagą, a wychowanie nie wzmocniło w nas tej cechy? Czy jako dorośli pozostaniemy asekurantami? Nie, jeśli odpowiednio wykorzystamy doświadczenie. Doświadczenie (które przecież, chcąc nie chcąc, zdobywa każdy z nas) pozwala śmielej stawiać cele i budować plany umożliwiające ich realizację. Pozwala też przewidywać reakcje otoczenia i nagłe zwroty sytuacji. Dzięki niemu plan działania, który przygotujemy, będzie przejrzysty, określony przez ramy czasowe, a jednocześnie elastyczny i zrozumiały dla wszystkich, którzy w jakikolwiek sposób zaangażują się w jego urzeczywistnienie. Taki plan umocni w nas odwagę działania.

Prelegent

Zwróć uwagę na słowa: „pozwala przewidywać reakcje otoczenia". To bardzo istotne na każdym etapie przedsięwzięcia, gdyż w każdej chwili możemy spotkać ludzi, którzy będą chcieli nas zniechęcić. Na przykład niekompetentnych urzędników.

Niestety, prędzej czy później niemal każdy z nas ma z nimi styczność. Siedzą gdzieś tam za swoimi biurkami – do których wydają się bardzo przywiązani – i decydują, co jest możliwe, a co nie. Jeśli przychodzi do nich ktoś, kto ma plan, jak osiągnąć coś, co według nich mieści się w kategorii „niemożliwe", automatycznie mówią „nie!". Działają jak roboty i nie przyjmują do wiadomości, że można się z ich decyzją nie zgadzać i odważnie to powiedzieć. Ta odwaga wypowiedzi wynika z dobrego przygotowania, dogłębnej wiedzy i silnej wiary w siebie.

Odważni są zawsze uparci. PAULO COELHO

Odwaga rodzi się z obserwacji, analizy wydarzeń, wiedzy i doświadczenia. Zanim przystąpimy do działania, powinniśmy zebrać tyle informacji, ile potrafimy. Poświęcenie czasu na analizę zwiększa pewność, że to, co planujemy zrobić, przyniesie nam prawdziwą korzyść. Kartezjusz, jeden z tych wybitnych myślicieli nowożytnych, którzy ukształtowali nasz sposób postrzegania i rozumienia świata, zalecał stosowanie prostej metody dochodzenia do prawdy.

Zachęcał, by nie brać niczego na wiarę i nie akceptować, dopóki rzecz nie będzie dla nas jasna, wyraźna i oczywista. Co z tego wynika? Gdy chcemy podjąć decyzję, powinniśmy wnikliwie zastanowić się nad problemem, rozłożyć go na proste elementy, które znowu przeanalizujemy. Potem dopiero stopniowo je łączyć i po raz kolejny sprawdzać, czy wszystko jest w porządku, aż do momentu, gdy będziemy o tym całkowicie przekonani. Naturalnym zakończeniem procesu myślowego powinna być weryfikacja, sprawdzenie, czy po drodze nie popełniliśmy jednak błędu. Jeśli wynik jest dla nas jednoznaczny – znaleźliśmy właściwe rozstrzygnięcie, odkryliśmy naszą prawdę! Czy nie są to bezcenne wskazówki? Czy w naturalny sposób nie skłaniają do kultywowania odwagi, która potrzebna jest już na etapie analizy składowych problemu?

Nieprzypadkowo odwaga i wiara w siebie znalazły się w tej samej grupie kluczowych cech osobowości. Odwaga jest potrzebna do wzmocnienia wiary w siebie, a mocna wiara w siebie zwiększa odwagę: odwagę myślenia, odwagę mówienia, odwagę działania. To może wyjaśniać tajemnicę powodzenia wielu ludzi, których odważną postawę podziwiamy, szczególnie jeśli wiemy, że w dzieciństwie lub młodości nie wyróżniali się pod tym względem.

Narrator

Dzięki odwadze stawiamy czoła przeciwnościom, plotkom i oszczerstwom, przekraczamy granice i łamiemy konwencje. Działamy z przekonaniem, że postępujemy właściwie i pożytecznie. Człowiek odważny śmiało planuje i z rozmachem realizuje swoje plany. Potrafi powstrzymać się od łatwego osądu, a jeśli już musi oceniać, robi to w sposób wyważony i sprawiedliwy. Ufa innym i wspiera ich rozwój, pozytywnie myśli o przyszłości i wierzy w osiągnięcie celów.

Jeśli rzeczywiście odwaga ma tak wymierne i korzystne oddziaływanie na osobowość, co sprawia, że wcale nie tak łatwo ją wykształcić? Niestety, na drodze do rozwijania odwagi napotkamy różnego rodzaju przeszkody. Pierwszą są błędy w wychowaniu, o których już mówiliśmy. Pierwszą, lecz nie jedyną. Kolejna to reakcja otoczenia na działanie wbrew utartym schematom. Człowiek, który potrafi żyć według własnych przekonań, często naraża się na nieprzychylne komentarze, złośliwości, a w skrajnych przypadkach nawet na otwartą wrogość. Ludzie pozbawieni odwagi zazwyczaj zazdroszczą innym tego przymiotu i dają temu wyraz. Nie warto jednak się zniechęcać, bo samodzielność działania, jaką uzyskamy dzięki odwadze, jest warta swojej ceny, a z czasem wykształcimy w sobie odporność na krytyczne opinie otoczenia. Przeszkodą w rozwijaniu odwagi mogą być także negatywne skojarzenia wiążące się z tą cechą. Trudno wykazywać się odwagą, jeśli w głębi umysłu uważamy, że łączy się z nią grubiaństwo i tupet. Rozwój odwagi mogą również wstrzymać wszelkiego rodzaju lęki, w dużej części irracjonalne.

Prelegent
Pewien poziom lęku powinien mieć każdy, bo chroni nas on przed niebezpieczeństwem i niepotrzebną brawurą. Jednak gdy jest zbyt wysoki, działa paraliżująco. Warto więc nauczyć się kontrolować własne lęki i starać się je oswajać, by nie blokowały zamierzeń i nie zmuszały do rezygnacji z realizowania celów. Nauka radzenia sobie z lękiem wymaga czasu i wytrwałości.

Aby obniżyć jego poziom, nie wystarczy pozytywnie myśleć, mimo że wielu pseudotrenerów tak twierdzi. Potrafią oni zmanipulować każdego, kto tylko chce wydać odpowiednio wysoką kwotę, i przekonać, że absolutnie najważniejsze jest właśnie pozytywne nastawienie. Efekt? Frustracja i gniew setek tysięcy ludzi, którzy czują się oszukani i coraz bardziej bezradni. To zjawisko jest szczególnie widoczne wśród całej rzeszy rozpoczynających pracę w sprzedaży bezpośredniej. Aby pozbyć się lęków i zdobyć umiejętności pozwalające wejść na inny poziom życia, trzeba być świadomym ceny. Czyli trzeba sobie zdawać sprawę, że wymaga to wysiłku, ćwiczeń, czasu. Pozytywne nastawienie jest istotnym, ale nie jedynym elementem prowadzącym do eliminacji lęków.

> Ten, kto ma odwagę oceniać siebie samego, staje się coraz lepszy. ALBERT SCHWEITZER

Lęki nie muszą się wiązać z jakimś konkretnym ryzykiem, ale towarzyszą niemal każdej zmianie. Taką zmianą może być wszystko, co burzy budowaną przez lata stabilizację lub narusza rytuał dnia, na przykład przeprowadzka do innego miasta, nowa praca, decyzja o małżeństwie czy narodziny dziecka. Na ogół nie możemy z całą pewnością stwierdzić, że zmiana będzie zmianą na lepsze, więc czujemy się zagubieni. Dużą rolę w naszym życiu odgrywa lęk przed nieznanym. Jeśli jest zbyt silny, może doprowadzić do rezygnacji z zamierzeń. W książce Spencera Johnsona *Kto zabrał mój ser* znajdziemy postać Zastałka, który za nic na świecie nie chciał przyjąć do wiadomości, że jego sytuacja się zmieniła. Upierał się, by wszystko powróciło „do normy", czyli do stanu przed zmianą. Czuł się bezpiecznie w starym miejscu, ze starymi przyzwyczajeniami i starym „serem" symbolizującym dobra, których człowiek pragnie od życia, na przykład pracę, spokojny dom, dostatek. Bojek, drugi z bohaterów książki, w pewnym momencie zrozumiał, że nigdy już nie będzie tak jak przedtem i ruszył na poszukiwanie nowego „sera", czyli nowych dóbr. To była decyzja ryzykowna, ale jedyna możliwa. Tak samo się bał, bo zmiany, których dokonywał, naruszały misternie budowany system codziennego życia. Jednak widząc, że nie można inaczej, ruszył w drogę.

Zastałek symbolizuje naiwne przekonanie, że w naszym przeobrażającym się świecie może istnieć ostoja, której zmiany się nie imają – nasza praca, dom i rodzina. Jednak takie przeświadczenie prędzej czy później zostanie brutalnie zweryfikowane przez rzeczywistość. Aby zmniejszyć stres związany ze zmianami, należy przyjąć, zrozumieć i zaakceptować to, że życie to pasmo zmian. I się do nich odpowiednio przygotować. W którymś momencie należy zdobyć się na odwagę i przyznać, że nic nie jest dane raz na zawsze, a życie polega na nieustannym poszukiwaniu, zadawaniu pytań, reakcjach na coraz to inne czynniki zewnętrzne. Taka świadomość wbrew pozorom wcale nie jest przygnębiająca. Wręcz przeciwnie – przynosi kojący spokój i harmonię. Już starożytni mędrcy chińscy ze szkoły taoistycznej nauczali: jedyną niezmienną prawdą rządzącą światem jest zasada, że wszystko nieustannie podlega zmianie. Najbardziej lapidarnie wyraził ją później filozof grecki Heraklit w słynnym powiedzeniu: *panta rhei*, czyli wszystko płynie.

> Nie wychodź na świat, wróć do siebie samego: we wnętrzu człowieka mieszka prawda.
> AUGUSTYN

Czy gotowość na przyjęcie zmian powinna oznaczać całkowite pozbycie się lęków? Otóż nie. Zbyt niski poziom lęku też jest groźny, powoduje bowiem podejmowanie działań sprzecznych ze zdrowym rozsądkiem. Co roku na przykład wielu ludzi wybiera się na górskie szlaki mimo złych warunków atmosferycznych. To są właśnie najczęstsze ofiary gór. Niski poziom lęku powoduje, że „zdobywcy" ignorują ostrzeżenia ze strony innych i własnego ciała. Efekt bywa tragiczny. Z brawurą i niczym nieuzasadnioną pewnością, że nic się nie stanie, wchodzą na dach dekarze, którzy nie wiadomo dlaczego nie uznają zabezpieczeń. Z brawurą zdarza się jeździć kierowcom po drogach zupełnie do tego nieprzystosowanych. Z brawurą wreszcie wielu ludzi przystępuje do realizacji marzeń. Wytyczają cel, owszem, ale nie opierają go na racjonalnych podstawach, pomijają planowanie, nie liczą środków, a potem… czują się zawiedzeni, że „nie wyszło".

Lęki nie są niczym złym, pod warunkiem że utrzymuje się je na właściwym poziomie. Wówczas mogą nam dobrze służyć, w odpowiedniej chwili ostrzegając przed niebezpieczeństwem. Jak jednak utrzymać ten „właściwy poziom"? Jak spowodować, by nie zawładnęły nami i nie wpływały na nasze decyzje? Pomoże nam w tym świadomie ukształtowana odwaga.

Narrator
Na czym polega świadome nadawanie kształtu odwadze? W jaki sposób przebiega ten proces? Od czego zacząć? Najlepiej zacząć od dokładnego poznania siebie, swoich mocnych i słabych stron oraz swojego potencjału. Najpierw warto postawić sobie kilka pytań. Czy zastanawiałeś się na przykład, w jakich sytuacjach jest Ci trudno wykazać się odwagą? Czy potrafisz wskazać powody, dla których rezygnujesz ze szczerego wypowiadania swoich racji? Kiedy wolisz zrobić unik, zamiast odważnie podjąć wyzwanie? Gdy szczerze odpowiesz na te pytania, będziesz gotów, by podjąć postanowienie: „Chcę poświęcić swój czas i energię na zgłębianie nowych dziedzin, zdobywanie wiedzy, rozwijanie pasji.

Chcę być odważny. Chcę śmiało dążyć do celu. Chcę stawić czoło przeciwnościom". To właściwe przygotowanie pola do wzmacniania odwagi.

Prelegent

Warto sobie uświadomić, że zarówno odwaga, jak i lęk znajdują się w naszym wnętrzu. Rodzą się i wzmacniają bądź osłabiają w naszym umyśle. Dowód? Można go poszukać na przykład na stoku narciarskim. Bardzo łatwo tam rozpoznać ludzi, którzy po raz pierwszy założyli narty na nogi. Po kilkudziesięciu minutach zaobserwujemy, że niektórzy początkujący radzą sobie całkiem dobrze i stopniowo zwiększają poziom trudności, inni natomiast nadal niepewnie poruszają się po najłagodniejszym odcinku stoku. W takich sytuacjach (podobnie jak podczas nauki jazdy samochodem, nurkowania czy skakania ze spadochronem) widać, jak wiele zależy od odwagi. Warunki zewnętrzne dla ludzi o podobnej sprawności fizycznej, którzy rozpoczynają naukę w tym samym dniu, są niemal identyczne: pogoda, wysokość, sprzęt. Różna jest za to umysłowość początkujących narciarzy. Im mniej jest w niej odwagi, tym większa trudność w opanowaniu nowej umiejętności.

Siły i wiary w siebie poszukiwałam zawsze gdzieś poza sobą, a one pochodzą z mojego wnętrza. Cały czas są we mnie. ANNA FREUD

Jak można sobie poradzić z lękami blokującymi działanie? Najpierw spróbuj je nazwać. Nie pozwól, by urosły i przerodziły się w panikę. Przemyśl, co się konkretnie może wydarzyć i czego dotyczy największa obawa: zagrożenia zdrowia: „Przewrócę się i złamię nogę", drwin: „Wszyscy się będą ze mnie śmiać", a może porażki: „Będę najgorszy w grupie"? W ten sposób jeden duży lęk rozłożysz na kilka mniejszych. To już nie będzie wielka kula z napisem: „Boję się", ponieważ rozsypała się na małe kulki: „Boję się potłuczenia", „Boję się wyśmiania", „Boję się porażki". A ponieważ to Ty jesteś autorem tych myśli, Ty właśnie możesz je pielęgnować bądź tłumić. Pomoże Ci w tym afirmowanie, czyli powtarzanie pozytywnych zdań zmieniających tory myślenia, na przykład: „Jestem odporny na potłuczenie", „Jestem odporny na drwiny", „Akceptuję porażki na drodze do zwycięstwa". Może teraz uśmiechniesz się niedowierzająco: „Czy zdania, w które nie bardzo wierzę, mogą mieć jakiekolwiek działanie?". Tak, o ile postanowisz w nie uwierzyć (to także zależy od Ciebie). Ich powtarzanie stanie się dla podświadomości sygnałem kierunku, w którym z jej pomocą chcesz pójść. Afirmowanie działa szybciej i jest skuteczniejsze, jeśli przed jego zastosowaniem przemyślimy dokładnie zdania do powtórzeń, czyli afirmacje, i znajdziemy argumenty, które je uwiarygodnią i wzmocnią. To będzie lina, która prowadząc od zdania do odwagi, pomoże nam zwalczyć lęki.

Wielu ludziom pomagają także dodatkowe czynności, na przykład – głębokie oddechy (tzw. przeoddychanie sytuacji) oraz zwyczajne przeczekanie strachu. Przeczekanie to doskonałe uzupełnienie afirmowania. Plusem jest to, że ten sposób można zastosować niemal zawsze. Co na przykład oznacza przeczekanie, gdy czujemy ogarniający nas lęk wobec trudnej sytuacji w pracy lub w domu? W tym przypadku jest to po prostu odsunięcie decyzji lub działania w czasie, na krótko, do momentu, aż poziom lęku się obniży. Warto wtedy zastosować zwrot typu:

„Chwileczkę, pomyślę, co mógłbym zrobić", „Zastanowię się nad rozwiązaniem", „Co proponujesz w tej sytuacji?". Dobrze jest wypracować własną procedurę hamowania lęków, które pojawiają się często wraz z nowym wyzwaniem.

Męstwo, w połączeniu z mądrością, zawiera umiarkowanie człowieka w stosunku do siebie oraz sprawiedliwość w stosunku do innych.
PAUL TILLICH

Czy te środki zadziałają? Może za pierwszym razem nie. Reakcję na wypadek pojawienia się lęku trzeba wytrenować w sytuacjach symulowanych, podobnie jak to robią strażacy, którzy ćwiczą reakcję na sygnał o pożarze. Powinna stać się nawykiem. Procedurą, która pozwoli w prawie każdych warunkach wybrać najlepsze możliwe wyjście, podjąć najlepszą możliwą decyzję. Być może właśnie działanie nawykowe pozwala zachować zimną krew pilotom, którzy stają przed koniecznością lądowania w bardzo złych warunkach lub z poważnym uszkodzeniem samolotu. W takiej sytuacji znalazł się kapitan Tadeusz Wrona, polski pilot lotnictwa cywilnego, który 1 listopada 2011 roku bezpiecznie wylądował uszkodzonym Boeingiem 767 z ponad 200 pasażerami na pokładzie na lotnisku Chopina w Warszawie. To był pierwszy przypadek lądowania tam boeinga bez wysuniętego podwozia. Jedna z gazet, opisując zdarzenie, określiła bohaterskiego kapitana słowami: „pilot, który nigdy nie wpadał w panikę". Czy nie chciałbyś być nazywany „człowiekiem, który nigdy nie wpada w panikę"? Z pewnością warto do tego dążyć.

Ograniczanie lęków i odpowiednio wyćwiczona reakcja na pojawiający się wzrost poziomu lęku nie wystarczy. Można to nazwać gaszeniem pożarów, a my przecież chcemy usunąć przyczyny pojawiania się ognia. Wybiórcze działanie na pojedyncze lęki niewiele pomoże, jeśli nie będziemy systematycznie rozwijać odwagi. Co możemy zrobić, by odwaga wypływająca z niedużego źródła rozlała się szeroką rzeką i wzmacniała nas w drodze do celu. Jednym z bardzo ważnych narzędzi jest nauka: dogłębne poznawanie interesujących nas tematów oraz ciągłe zwiększanie specjalistycznej wiedzy.

Narrator

Jeśli swoje zamierzenia oprzesz na rzetelnej wiedzy, niełatwo będzie Cię zniechęcić. To ważne. Zniechęcanie innych do działania, o czym już była mowa, wydaje się bowiem hobbystycznym zajęciem wielu ludzi. Sami nie zamierzają nic zrobić, woleliby więc, żeby ci, którzy znajdują się w ich otoczeniu, postępowali podobnie i rezygnowali z osiągania ambitnych celów. Często powstaje cała grupa osób wzajemnie wspierających się w udowadnianiu, że... nic się nie da zrobić. Przy takich ludziach bez rzeczywiście dogłębnej wiedzy trudno utrzymać poziom odwagi wystarczający do podjęcia działania. Staraj się ich unikać, by nie zacząć mimowolnie ulegać propagowanej przez nich bierności. Jak twierdził Albert Einstein, nawet wybitne umysły są narażone na ataki tych, którym trudno pojąć, że ktoś może odmówić hołdowania utartym przekonaniom i chcieć odważnie oraz uczciwie głosić własne poglądy. Zniechęcający wpływ otoczenia ma dużą moc i łatwo mu ulec, zwłaszcza jeśli nie otrzymaliśmy w dzieciństwie odpowiedniego wzmocnienia.

Prelegent

Nie ustawajmy więc w pracy nad rozwijaniem i umacnianiem w sobie odwagi. Jak jeszcze można to zrobić? Bardzo skutecznym sposobem jest próba zwizualizowania tej cechy. Możesz skojarzyć ją z bardzo popularnym symbolem odwagi, czyli z lwem. Myślenie o zachowaniu tego zwierzęcia, wyobrażanie go sobie w przyrodzie, wśród innych zwierząt, wreszcie poczucie się nim, mimo pozornej irracjonalności, jest zaskakująco skuteczne i uodparnia na negatywne opinie innych ludzi. Ważne, podobnie jak przy innych ćwiczeniach, by nie popaść w przesadę i nie pomylić odwagi z brawurą czy zwykłą głupotą.

Siłę do działania i odwagę wzmacnia także wielokrotnie już przywoływana w wykładach pasja. Pasja powoduje tak znaczny wzrost odwagi, że przestają działać zniechęcające oceny otoczenia, nieskuteczne są próby zepchnięcia z obranej drogi lub namowy do jej porzucenia. Przykładów jest wiele. Pisarze, dziennikarze, zawodowi sportowcy – oni wszyscy z pasją oddają się swojemu zajęciu. Pasjonatów znajdziemy wszędzie, sami także możemy nimi zostać. Zacząć warto znowu od postawienia sobie pytania: „Co mnie naprawdę interesuje?", a potem śmiało podążyć za odpowiedzią.

Życie albo jest śmiałą przygodą, albo nie jest życiem. Nie lękać się zmian, a w obliczu kapryśności losu zachowywać hart ducha – oto siła nie do pokonania. HELEN KELLER

Odwagę wzmacnia studiowanie biografii ludzi odważnych. Dzieje ludzkości wypełnione są bohaterami. Niektórzy stali się postaciami kultowymi i przeszli do legendy. Należą do nich m.in. Spartakus, Zawisza Czarny, Joanna d'Arc, Emilia Plater, Konstanty Julian Ordon oraz wielu, wielu innych, których postępowanie dowodzi, że odwaga pozwala dokonywać zadziwiających czynów. Odważne działanie uwalnia niespożyte siły psychiczne, cementuje przekonania i wzmacnia wartości. Podejmując wyzwania, zmagając się z przeciwnościami, odkrywamy cechy niezwykłe. Nabieramy przekonania, że możemy mieć wpływ na swoje życie. I tak jest, pod warunkiem że stosujemy gradację celów, a więc zaczynamy od łatwiejszych, przechodząc stopniowo do coraz trudniejszych.

Kolejne osiągnięcia wzmacniają odwagę i przyczyniają się do odczuwania radości i spełnienia. Prawdopodobnie właśnie takich odczuć doświadczył wspomniany już Spartakus, który wszczął bunt w szkole gladiatorów i stworzył tym zagrożenie dla potężnego Rzymu. Swoją odwagą dał innym uciemiężonym impuls do działania.

Specjalistyczną wiedzę i doświadczenie przez lata zdobywał Krzysztof Kolumb, kolejny przykład działania wielkiej odwagi. Najpierw wypływał niedaleko, a jego morskie podróże były związane z handlem. Pracował wówczas w domu bankowym Ceuturionich. Studiował antyczne pisma, słuchał rybaków opowiadających o dalekich akwenach i lądach majaczących na horyzoncie. Większość ludzi traktowała te opowieści jak baśnie. Jednak Kolumb, mający już sporą wiedzę, zaczął się zastanawiać, czy zasłyszane legendy nie zawierają przypadkiem prawdy. Z jego analiz wynikało, że jeśli będzie żeglował na zachód, powinien drogą morską dotrzeć do Indii. Lądem trzeba było długo jechać w kierunku wschodnim. W którymś momencie nabrał stuprocentowej pewności, że jego przewidywania są słuszne. Głęboko wierzył w powodzenie misji. Wiara ta dała mu siłę i wystarczająco dużo odwagi. Podjął próbę przekonania do swoich idei władcy Portugalii. Jednak zetknął się z odmową. To nie przeszkodziło mu dalej walczyć o realizację marzeń. Zainteresował pomysłem dygnitarzy hiszpańskich. Dworzanin Luis de Santangel namówił królową Hiszpanii Izabelę Kastylijską, by wysłuchała śmiałka. Ta dała się przekonać przyszłemu odkrywcy i zezwoliła na wyprawę pod banderą hiszpańską. Podróż częściowo sfinansował dwór królewski, a częściowo hiszpańska rodzina kupiecka Pinzonów. Kolumbowi obiecano dziedziczny tytuł wielkiego admirała, wicekróla odkrytych ziem oraz dziesiątą część zysków.

W miarę jak się starzejemy, odkrywamy, że najrzadsza jest odwaga myślenia. ANATOLE FRANCE

Tak właśnie działa prawo przyciągania – determinacja i siła marzenia sprawiły, że pojawiło się rozwiązanie, wyjście z sytuacji. Ryzykowne, owszem, ale… niosące nadzieję na pomyślny ciąg dalszy. To zdarza się jedynie ludziom odważnym. Potrzeba było odwagi i wewnętrznego uporu, by po odmowie dalej szukać osób, które uwierzą w śmiały plan i będą chciały go zarekomendować władczyni. Potem Kolumb musiał sam odważnie przekonać królową, że pomysł ma szansę realizacji, i że nakłady się zwrócą. Tylko człowiek zdeterminowany, z ogromną wiedzą i z dużą wiarą w siebie mógł to zrobić. Następcom Kolumba było znacznie łatwiej. Wieści o powodzeniu pierwszej wyprawy sprawiły, że wielu ludzi chciało mu towarzyszyć i uczestniczyć w kolejnych jego sukcesach, a inni decydowali się na samodzielne przedsięwzięcia. Jak widać, odważna postawa znowu znalazła naśladowców, podobnie jak we wcześniej omawianym przypadku Spartakusa.

Bohaterów odznaczających się odwagą znajdziemy także w czasach nam bliższych. Janusz Korczak w okresie II wojny światowej odważył się towarzyszyć młodym podopiecznym w drodze na śmierć. Irena Sendlerowa uratowała blisko 2,5 tysiąca dzieci żydowskich. Zaczęła to robić, zanim jeszcze w Warszawie powstało getto. Gdy już istniało, pomagała wyprowadzać z tego miejsca dzieci. Umieszczała je w przybranych rodzinach, domach dziecka i u sióstr franciszkanek. Pracowała na rzecz najmłodszych także po wojnie. To z jej inicjatywy powstał Ośrodek Opieki nad Matką i Dzieckiem oraz domy dla sierot. Tej niezwykle odważnej kobiecie wielu ludzi zawdzięcza swoje życie. Otrzymała liczne odznaczenia i wyróżnienia. Była także wymieniana w gronie kandydatów do Pokojowej Nagrody Nobla.

> Zaakceptowałam strach jako nieodłączną część życia – szczególnie strach przed zmianami. Idę naprzód mimo walenia serca, które mówi: zawróć. ERICA JONG

W poszukiwaniu ludzi odważnych warto rozglądać się także wokół siebie. Odważne są nie tylko osoby znane. Odwaga bywa cicha i skromna. Przyjrzyjmy się historii człowieka, który pracował jako mechanik samochodowy. Wykonywane zajęcie nie przynosiło mu jednak satysfakcji. Im dłużej pracował w tej branży, tym większej nabierał pewności, że od życia oczekuje czegoś innego. Postanowił zostać agentem ubezpieczeniowym. To było spore wyzwanie. Branża zupełnie inna. Wiele musiał się nauczyć. Czuł jednak, że chce to robić. Przeszedł odpowiednie kursy i rozszerzał zdobywaną na nich wiedzę. Na jednym ze szkoleń dowiedział się, że powinien stworzyć listę potencjalnych nabywców. Wykonał to zadanie najstaranniej, jak potrafił. Przygotował się gruntownie do rozmowy z każdym człowiekiem wpisanym na tę listę. Zanim umówił się na spotkanie, starał się jak najwięcej dowiedzieć o jego dokonaniach. Podczas rozmowy korzystał ze zdobytych informacji, wspominał osiągnięcia swego rozmówcy, dopytywał o szczegóły i uważnie słuchał. Był autentycznie ciekaw odpowiedzi. Spotkanie przekształcało się w interesujący dialog. Zdobywał tym zaufanie potencjalnych klientów. W ciągu roku ubezpieczył na duże kwoty kilkudziesięciu ludzi. Odniósł sukces w branży. A zaczęło się od odwagi, która pozwoliła mu wyjść poza ramy nielubianego zajęcia i zacząć karierę w zupełnie nowej dziedzinie.

Narrator
Rozejrzyj się w najbliższym otoczeniu nie tylko w poszukiwaniu wzoru. We wzmacnianiu odwagi przydaje się wsparcie. Jeśli wiesz, że Twój pomysł jest dobry, szukaj sojuszników, którzy będą Cię dopingować, a może nawet pomogą

w jego realizacji. Jeśli obawiasz się, że Twój poziom odwagi nie pozwoli Ci zaprezentować projektu większemu gremium, zacznij zapoznawać z nim pojedyncze osoby. Z bliska zobaczysz ich reakcję, będziesz wiedział, na kogo możesz liczyć, i kto rzeczywiście chce Cię wysłuchać. Prawdopodobnie usłyszysz też słowa krytyki. Nie wycofuj się wtedy, lecz proś o wyjaśnienie jej przyczyn. Dzięki temu sprawdzisz, czy nie jest to jedynie wyraz lęków rozmówcy. Jeśli jego wątpliwości są oparte na rzetelnej wiedzy, weź je pod uwagę i postaraj się rozproszyć konkretnymi argumentami. To dobre ćwiczenie. Bardzo możliwe bowiem, że podobnie krytyczne oceny usłyszysz od innych ludzi, a potem od grupy, której będziesz oficjalnie przedstawiał swój pomysł. Świadomość posiadania racjonalnych argumentów zwiększy Twoją odwagę w rozmowach zarówno z osobami na wyższych stanowiskach, jak i z grupą ludzi potencjalnie zainteresowanych projektem.

Prelegent

W sferze zawodowej korzyści z odwagi bywają spektakularne. Jest ona niezbędna już na etapie starania się o pracę. Człowiek mądry i odważny nie tyle prosi potencjalnego pracodawcę o zatrudnienie, co proponuje mu współpracę. Aby to było możliwe, powinien przed rozmową zapoznać się z materiałami na temat firmy, by móc wskazać korzyści, jakie mogą wyniknąć z kontraktu dla obu stron, a następnie odważnie zaprezentować swoje mocne strony i śmiało przedstawić propozycję ułożenia swoich relacji z firmą. Nie powinien bać się rozmowy o słabościach. Ważne, by ewentualny pracodawca zobaczył w kandydacie najpierw dobrze rokującego współpracownika, a w przyszłości może nawet partnera. Czy to nie byłoby wystarczającą nagrodą za wykazanie się odwagą?

Zastanów się sam, kogo zatrudniłbyś chętniej: człowieka, który w rozmowie o pracę boi się odezwać, czy osobę, która śmiało powie Ci o swoich umiejętnościach i oczekiwaniach? Prawdopodobnie tego odważniejszego, chyba że zauważysz u niego chęć wywyższania się i nadmierną, niczym nieuzasadnioną pewność siebie. Osoba odważna jest przekonująca. Sprawia wrażenie kogoś z dużą wiedzą i kompetencjami. Budzi zaufanie. Pozwala domniemywać, że oprócz wyuczonych umiejętności wniesie do firmy wartość dodaną, czyli odwagę myśli i idei. Będzie kreatywna. Będzie dostrzegała więcej, niż wymaga tego przydzielone jej stanowisko pracy. Nie będzie się bała mądrego ryzyka i odpowiedzialności. Prawda, że wejście do firmy z taką opinią to duża korzyść?

Odwaga góry przenosi. BORYS PASTERNAK

Czy odwaga jest potrzebna tylko w życiu zawodowym? A co z życiem prywatnym? Zacznijmy od przypomnienia, co rozumiemy pod pojęciem „życie prywatne". Będzie nim wszystko, co obejmuje sfera rodzinna oraz sfera nazwana osobistą, czyli duchowość, działalność społeczna oraz rozwijanie własnych zainteresowań. Jeśli dom dobrze spełnia swoje funkcje, to życie prywatne kojarzy się nam z tym, co bezpieczne. To strefa odpoczynku, przyjemności i radości. Tak przynajmniej powinno być. Czy tutaj jest miejsce na odwagę? Czy odwaga jest tu potrzebna?

Można powiedzieć, że podobnie jak w sferze zawodowej odwaga w życiu prywatnym dotyczy głównie porozumiewania się i działania.

Porozumiewanie się oznacza nie tylko mówienie, ale też słuchanie. Ileż to razy rodzice i dzieci nie słuchają się wzajemnie. Ileż to razy przerywają sobie słowami: „Nawet mi o tym nie mów", „Nie chcę tego słyszeć". Ileż razy kończą rozmowę podniesionym tonem czy trzaśnięciem drzwiami. Brak odwagi, by zmierzyć się z przeciwnymi poglądami, powoduje, że zamiast szukać porozumienia, za wszelką cenę chcemy, żeby ustępstwo drugiej strony było całkowite i bezdyskusyjne, zwłaszcza jeśli ta druga strona w jakiś sposób jest od nas zależna, i nieistotne, czy jest to zależność emocjonalna czy ekonomiczna.

> Zacznij od tego, żeby mieć odwagę. Reszta przyjdzie sama. JOHN MCCAIN

W domu każdy powinien czuć się swobodnie i móc swobodnie wypowiadać swoje zdanie. To rozwija poczucie wartości i wiarę w siebie nie tylko dziecka czy nastolatka, lecz także jego rodziców i innych domowników. Oczywiście jest ważne, jak to własne zdanie zostanie wygłoszone: spokojnie, grzecznie, z wyrażeniem chęci do dyskusji czy apodyktycznie i zdecydowanie zbyt głośno.

Odwaga nie polega na głośnym mówieniu, ale na przekonywaniu, podawaniu argumentów oraz na… ustępowaniu, jeśli kontrargumenty domowników, przyjaciół lub innych osób z naszego otoczenia okażą się racjonalne. Odwaga w życiu prywatnym jest także potrzebna do sięgania po nowe doświadczenia. Wybór partnera życiowego, wychowanie dzieci, relacje z sąsiadami, podejmowanie inicjatyw osiedlowych lub rodzinnych to wyzwania, z którymi prędzej czy później przyjdzie nam się zmierzyć. Wszystkie wymagają mniejszych lub większych aktów odwagi. Nie zawsze to dostrzegamy. Jeśli decyzja nie jest zbyt ryzykowna, możemy nawet nie odnotować w myślach, że postąpiliśmy odważnie.

Narrator

Jak powiedział amerykański senator John McCain „Zacznij od tego, żeby mieć odwagę. Reszta przyjdzie sama". Odwaga to przymiot, o który powinien zabiegać każdy z nas. Dlaczego? Ponieważ daje nam coś, czego nie sposób przecenić. Pozwala nie tylko doraźnie przezwyciężyć strach, lecz także zyskać pewność, że poradzimy sobie z najtrudniejszym nawet zadaniem. Nie bez przyczyny w języku hebrajskim definiują ją słowa: chazak – być silnym oraz ejtan – być mocnym. Odwaga to przecież nic innego, jak wewnętrzna siła, która pomaga wytrwać i nie rezygnować, nawet wtedy, gdy wyzwanie okaże się bardzo ambitne, pozornie poza granicami możliwości. Otwiera drzwi do strefy marzeń dotychczas niespełnionych, które, jak szybko przekona się człowiek śmiały, staną się całkiem realne. Satysfakcja z ich spełnienia będzie niezwykłą nagrodą.

Jeśli nie zostaliśmy obdarzeni wyjątkową odwagą, możemy ją w sobie wypracować. Nigdy nie jest na to za późno. Wykorzystajmy w tym celu sprawdzone sposoby. Wsparcia szukajmy przede wszystkim w rzetelnej wiedzy, rozwijaniu kompetencji, zdobywaniu doświadczenia. Pomóżmy sobie takimi technikami, jak wizualizacja czy afirmowanie. Szukajmy też odpowiednich wzorców osobowych.

Nie zapominajmy, że ci, którzy zapisali się na kartach historii jako niezłomni i pewni swojej drogi, byli przede wszystkim odważni. Podejmowali ryzyko i nie lękali się opinii innych. Nie dawali się zniechęcić. Ich przekonania wynikały z głębokich przemyśleń. Człowiek odważny nie porywa się bowiem na niemożliwe. Jest gotów podjąć się realizacji trudnego, a nawet bardzo trudnego zadania i zaakceptować pewien poziom ryzyka, ponieważ wie o danym przedsięwzięciu więcej niż inni. Ma otwarty i żądny wiedzy umysł, zadaje sobie pytania i wytrwale szuka na nie odpowiedzi. Jest świadomy celu, do którego zmierza, a to jest naturalnym paliwem dla odwagi.

Co cechuje ludzi prawdziwie odważnych? To osoby z inicjatywą, liderzy, wokół których inni chętnie się gromadzą. Możemy znaleźć się w ich gronie. Dzięki odwadze przekonań i postaw możemy stać się dobrymi przedsiębiorcami, pracownikami, małżonkami, rodzicami czy przyjaciółmi. Będziemy potrafili przeciwstawiać się niesprawiedliwości wobec siebie i innych oraz skutecznie rozwiązywać problemy. Zaufamy sobie i oddalimy od siebie największych wrogów odwagi: umysłowe lenistwo, bierność, niechęć do planowania oraz różnego rodzaju lęki. Przestaniemy uciekać w konformizm, który nie prowadzi na dłuższą metę do niczego dobrego, bo jest formą oszukiwania siebie i innych. Nauczymy się też odmawiać, jeśli poczujemy, że dana propozycja nam nie odpowiada i nie chcemy z różnych powodów jej przyjąć. Zrozumiemy, że odważna postawa i otwarte wypowiadanie własnych poglądów jest zawsze najlepszym wyjściem. Jest jeszcze jeden aspekt odwagi, na który warto zwrócić uwagę. Odwagą możemy się dzielić. Jeśli wykorzystamy tę piękną cechę nie tylko do osiągania własnych celów, lecz będziemy także się starać, by cele osiągali ludzie w naszym otoczeniu, mamy szansę zdobyć powszechny szacunek i poważanie. Nasza postawa będzie promieniować na innych i znajdować naśladowców. Warto o tym pamiętać, bo to ważny element dojrzałej osobowości.

Część utrwalająca

Porady
1. Korzystaj z ludzkiego przywileju kierowania się w życiu wartościami.
2. Opieraj się na uznanych autorytetach moralnych.
3. Określ, jak wygląda Twój system wartości i zastanów się, co jest Twoją wartością nadrzędną.
4. W określaniu własnego systemu wartości bądź szczery.
5. Pamiętaj, że wartości etycznych, w przeciwieństwie do materialnych, nigdy nie stracisz.
6. Pilnuj, by cele, które sobie wytyczysz, nie były destrukcyjne.
7. Rozwijaj cechy pozytywne, m.in. wnikliwość, wytrwałość, odwagę, determinację, zapał i entuzjazm, optymizm, wiarę we własne możliwości, dyscyplinę wewnętrzną, pokorę, panowanie nad sobą, cierpliwość, altruizm, empatię oraz łagodność.
8. Nie pozwól, by najważniejsze stały się dla Ciebie wartości materialne.

9. Trwaj przy zasadach, jakie wyznaczają Twoje wartości. Nie odstępuj od nich nawet na chwilę, bo precedensy łatwo przechodzą w nawyki.

Quiz

Znalezienie odpowiedzi na pytania dotyczące wykładu pomoże Ci zapamiętać i utrwalić zawarte w nim treści. Postaraj się odpowiadać samodzielnie, jednak okaże się, że na któreś z pytań nie znasz odpowiedzi, zajrzyj do tekstu wykładu lub przesłuchaj go jeszcze raz. Odszukasz tam potrzebne informacje. W pytaniach otwartych posłuż się swoją wiedzą i doświadczeniem. Klucz z odpowiedziami znajdziesz na s. 101.

1. Kiedy miał miejsce zamach na bliźniacze wieże World Trade Center w Nowym Jorku i na Pentagon?
a) 1 września 1995 roku
b) 11 września 2001 roku
c) 21 września 2005 roku
d) 30 września 2010 roku

2. **Czym wsławił się żyjący w V wieku p.n.e. król Sparty Leonidas?**
   a) poprowadzeniem powstania niewolników
   b) zdobyciem Kartaginy
   c) bohaterską obroną wąwozu pod Termopilami
   d) zwycięstwem pod Maratonem

3. **Do czego, zdaniem Platona i Arystotelesa, wielkich myślicieli starożytnych, prowadzi męstwo?**
   a) do nadmiernego ryzyka
   b) do doskonałości i pokazania lepszej strony swojej natury
   c) do pychy
   d) do władzy

4. Dlaczego Mikołaj Kopernik nie został ukarany za swą teorię, przedstawioną w księdze *O obrotach sfer niebieskich*, mimo że była niezgodna
z nauką Kościoła katolickiego?
a) był bardzo szanowany
b) zlekceważono jego wywody
c) zmarł w tym samym roku, w którym wydał księgę
d) przekonał Kościół do zmiany poglądów

5. O kim mówi się, że na łożu śmierci powiedział o Ziemi: „A jednak się kręci"?
a) o Sokratesie
b) o Arystotelesie
c) o Koperniku
d) o Galileuszu

6. Jedną z najbardziej znanych myśli starożytnych jest filozoficzne stwierdzenie Heraklita *panta rhei*. Co ono oznacza?

a) Idź naprzód.

b) Wszystko nieustannie podlega zmianie.

c) Odwaga jest najważniejsza.

d) Zwalcz swój lęk.

7. Jakie znasz sposoby opanowywania lęku? Wymień trzy spośród nich.

. . . .

. . . .

. . . .

. . . .

8. **Czym wsławił się kapitan Tadeusz Wrona?**
   a) perfekcyjnym lądowaniem uszkodzonym boeingiem
   b) samotnym rejsem przez Atlantyk
   c) wspinaczkami w Himalajach
   d) akcją ratunkową w Tatrach

9. **Kto spośród sławnych ludzi uważał, że nawet wybitne umysły są narażone na ataki tych, którym trudno pojąć, że ktoś może odmówić hołdowania utartym przekonaniom i chce odważnie oraz uczciwie głosić własne poglądy?**
   a) Sokrates
   b) Leonardo da Vinci
   c) Kartezjusz
   d) Albert Einstein

10. Połącz nazwiska ludzi o legendarnej odwadze z ich dokonaniami.

| ratowanie dzieci żydowskich w czasie wojny | Spartakus |

| obrona Orleanu | Joanna d'Arc |

| przewodzenie buntowi niewolników | Zawisza Czarny |

| zwycięskie walki rycerskie | Irena Sendlerowa |

11. Co oznaczają dwa hebrajskie słowa: *chazak* i *ejtan*
a) walcz i zwyciężaj
b) bądź silny i mocny
c) dziel i rządź
d) myśl i działaj

Ćwiczenie 1

Przypomnij sobie jakąś ważną sytuację, w której zrezygnowałeś z planów (zawodowych lub osobistych), bo zabrakło Ci odwagi, a teraz tego żałujesz. Jakie lęki wówczas przeważyły? Spróbuj je nazwać. Obok napisz, co mógłbyś zrobić, żeby osłabić każdą z tych obaw i zacząć realizować swoje dążenie.

Porzucony plan

Lęk	Sposób osłabienia lęku
....	....
....	....
....	....
....	....
....	....
....	....
....	....
....	....
....	....
....	....
....	....
....	....

Ćwiczenie 2

Łatwiej znaleźć w sobie odwagę, jeśli podczas podejmowania trudnych wyzwań ma się w pamięci wzorzec odważnego człowieka, czyli kogoś, kto osiągnął swoje cele, wykazując się wyjątkową odwagą. Wypisz trzy nazwiska ludzi znanych Ci z historii (mogą to być przykłady z tego podręcznika), których podziwiasz za odważną postawę. Uzasadnij swój wybór.

1. Uważam za odważnego . . . .

Uzasadnienie

2. Uważam za odważnego....................

Uzasadnienie

....
....
....
....

3. Uważam za odważnego....................

Uzasadnienie

....
....
....
....
....

Ćwiczenie 3

Odwagę łatwiej kształcić ewolucyjnie niż rewolucyjnie. Oznacza to, że zmieniając swoją postawę, lepiej robić to powoli, małymi krokami. Jeśli brakuje Ci odwagi, by wyrażać otwarcie swoje zdanie na różne tematy, zacznij od spraw mniej istotnych. Najpierw uświadom sobie sytuacje, w których powtarzasz opinie otoczenia, nawet jeśli nie są zgodne z Twoją, bo nie masz odwagi powiedzieć, co naprawdę myślisz. Wypisz trzy takie sytuacje. Napisz, co powiedziałeś, i co chciałeś wyrazić. Zastanów się, czy powód, dla którego zrezygnowałeś z ujawnienia swojego zdania, był rzeczywiście wystarczającym usprawiedliwieniem.

Sytuacja 1. . . . .

Powiedziałem . . . .

Myślałem . . . .

. . . .

. . . .

Sytuacja 2. . . . .

Powiedziałem . . . .

Myślałem . . . .

. . . .

. . . .

Sytuacja 3. . . . .

Powiedziałem . . . .

Myślałem . . . .

. . . .

. . . .

Ćwiczenie 4

Wybierz jedną z sytuacji opisanych w poprzednim ćwiczeniu (lub znajdź inną, jeśli uznasz, że będzie to lepszy wybór). Zastanów się, co chciałbyś powiedzieć osobie, z którą się nie zgadzasz. Wypisz argumenty, które od niej usłyszałeś lub spodziewasz się usłyszeć, oraz swoje. To doskonały materiał do przemyśleń.

Argumenty rozmówcy	Moje argumenty
. . . .	. . . .
. . . .	. . . .
. . . .	. . . .
. . . .	. . . .
. . . .	. . . .
. . . .	. . . .
. . . .	. . . .
. . . .	. . . .

Argumenty rozmówcy	Moje argumenty
....	....
....	....
....	....
....	....
....	....
....	....
....	....
....	....
....	....
....	....
....	....
....	....

Ćwiczenie 5

Być może należysz do osób, którym trudno wyrazić swoje zdanie w rozmowie z innym człowiekiem. Możesz wówczas skorzystać z innego sposobu na wypowiedzenie się, jakim jest list. Pamiętaj, by w liście nie tylko przedstawić swoją opinię, ale także wymienić argumenty, które podałby Twój rozmówca, by Cię przekonać do swoich racji. Nie lekceważ ich, okaż zrozumienie swojemu oponentowi i wskaż powody, dla których nie możesz przyjąć jego argumentacji.

Ważna uwaga!
W dzisiejszych czasach częściej piszemy e-maile niż listy. Ważnych e-maili, zwłaszcza tych, w których chcesz przedstawić swoje zdanie w istotnej sprawie, nie wysyłaj od razu po napisaniu. Daj sobie czas (na przykład dzień) na ostudzenie emocji oraz możliwość bardziej obiektywnego spojrzenia na swój tekst.

. . . .

. . . .

Ćwiczenie 6

Ułóż pięć afirmacji, które wzmocnią Twoją odwagę. Pamiętaj o zasadach. Afirmacje pisze się w pierwszej osobie czasu teraźniejszego, wyłącznie w formie zdania twierdzącego. Nie używaj w nich słowa „nie". Zapisz ułożone afirmacje na niedużej kartce lub w telefonie i odczytuj przynajmniej dwa razy dziennie po 20 razy.

Przykład afirmacji:
Odważnie buduję plany prowadzące mnie do realizacji celów.

Przemyślenia

Poniżej są zamieszczone fragmenty wykładu, które mogą stanowić materiał do osobistych przemyśleń. Pod każdym znajdziesz krótkie zaproszenie do dyskusji i miejsce na komentarz. Unikaj ogólników. Staraj się, by Twoja wypowiedź była jak najbardziej konkretna i konstruktywna.

Inspiracja 1

Odwaga polega na przyjmowaniu odpowiedzialności za skutki własnych wyborów oraz na przełamywaniu strachu, który może sparaliżować i skłonić do rezygnacji z marzeń i planów.

Czy zastanawiałeś się kiedyś nad swoją odwagą? Czy zauważyłeś jej wpływ na swoje postępowanie? Jak oceniłbyś poziom rozwinięcia tej cechy u siebie? Masz zbyt mało odwagi, tyle ile trzeba, czy może zbyt wiele? Czy masz jej wystarczająco dużo, by śmiało dokonywać wyborów i nie bać się odpowiedzialności za ich skutki? Czy może zbyt wysoki poziom odwagi powoduje, że podejmujesz decyzje, zanim dokonasz analizy sytuacji.

Inspiracja 2

Człowiek odważny, po pokonaniu lęków wewnętrznych, potrafi iść do przodu na przekór utartym schematom, nieprzychylnym opiniom, złośliwościom, a w skrajnych przypadkach nie zawaha się także przeciwstawić otwartej wrogości. Cecha ta naraża na nieprzyjemne zdarzenia, jednocześnie jednak budzi podziw innych i daje poczucie satysfakcji, że jesteśmy kowalami własnego losu.

Co jest dla Ciebie trudniejsze: pokonanie wewnętrznych oporów czy porzucenie utartych schematów i sprzeciwienie się nieprzychylnym opiniom? Jak sobie z tym radzisz? Ustępujesz czy idziesz do przodu? Co pomaga lub mogłoby Ci pomóc w odważnym realizowaniu zamierzeń, jeśli nie możesz liczyć na najbliższe otoczenie? Gdzie Twoim zdaniem najłatwiej znaleźć sprzymierzeńców: we wzorcach z przeszłości, motywacyjnych lekturach lub programach? A może jeszcze gdzieś indziej?

. . . .

Inspiracja 3

Odwaga rodzi się z obserwacji, analizy wydarzeń, wiedzy i doświadczenia. Zanim przystąpimy do działania, powinniśmy zebrać tyle informacji, ile potrafimy. Poświęcenie czasu na analizę zwiększa pewność, że to, co planujemy zrobić, przyniesie nam prawdziwą korzyść.

Czy masz świadomość tego, że dobre przygotowanie ma ogromny wpływ na odwagę postępowania? Czy przeznaczałeś wystarczająco dużo czasu na analizę sytuacji przed podjęciem działania? Jak oceniasz swój profesjonalizm w tym względzie? Co mógłbyś jeszcze zrobić, by móc odważnie dążyć do ambitnych celów, nawet jeśli miałoby to się odbywać wbrew otoczeniu?

Inspiracja 4

Siłę do działania i odwagę wzmacnia także wielokrotnie już przywoływana w wykładach pasja. Pasja powoduje tak znaczny wzrost odwagi, że przestają działać zniechęcające oceny otoczenia, nieskuteczne są próby zepchnięcia z obranej drogi lub namowy do jej porzucenia. Przykładów jest wiele. Pisarze, dziennikarze, zawodowi sportowcy – oni wszyscy z pasją oddają się swojemu zajęciu. Pasjonatów znajdziemy wszędzie, sami także możemy nimi zostać. Zacząć warto znowu od postawienia sobie pytania: „Co mnie naprawdę interesuje?", a potem śmiało podążyć za odpowiedzią.

Okazuje się, że wielu ludziom trudno jest odpowiedzieć na pytania: „Co mnie najbardziej interesuje?", „Czym tak naprawdę chciałbym się zająć?", „Co mogłoby stać się moją pasją?". Jeśli nie masz kłopotu ze znalezieniem na nie odpowiedzi, spróbuj wyobrazić sobie, jak dalej twórczo wykorzystywać swoje zainteresowania. Jeśli jednak odpowiedź nie jest dla Ciebie oczywista, pomyśl i metodą wykluczania obszarów, które na pewno Ci nie odpowiadają, postaraj się odszukać te, w których mógłbyś znaleźć swoją pasję.

Inspiracja 5

Odwagę wzmacnia studiowanie biografii ludzi odważnych. Dzieje ludzkości wypełnione są bohaterami. Niektórzy stali się postaciami kultowymi i przeszli do legendy. Należą do nich m.in. Spartakus, Zawisza Czarny, Joanna d'Arc, Emilia Plater, Konstanty Julian Ordon oraz wielu, wielu innych, których postępowanie dowodzi, że odwaga pozwala dokonywać zadziwiających czynów.

Czy uważasz, że w dzisiejszych czasach można wykorzystać wzorce, jakie stanowią bohaterowie znani z historii lub literatury? W jakim stopniu mogą oni być przykładem dla ludzi współczesnych, ludzi epoki komputera i Internetu? Czy opis ich misji życiowej może zachęcać do odważnego działania? A może znasz inne wzorce?

. . . .

. . . .

. . . .

Inspiracja 6

W sferze zawodowej korzyści z odwagi bywają spektakularne. Jest ona niezbędna już na etapie starania się o pracę. Człowiek mądry i odważny nie tyle prosi potencjalnego pracodawcę o zatrudnienie, co proponuje mu współpracę. Aby to było możliwe, powinien przed rozmową zapoznać się z materiałami na temat firmy, by móc wskazać korzyści, jakie mogą wyniknąć z kontraktu dla obu stron, a następnie odważnie zaprezentować swoje mocne strony i śmiało przedstawić propozycję ułożenia swoich relacji z firmą.

Czy te słowa zmieniają Twoje spojrzenie na szukanie pracy? Jak zachowujesz się, gdy podejmujesz starania o nową posadę lub nowe zlecenia? Zajmujesz pozycję petenta czy ewentualnego współpracownika? Jak przygotowujesz się do rozmowy z potencjalnym pracodawcą lub zleceniodawcą? Czy chciałbyś coś zmienić w swoim postępowaniu w tym zakresie?

. . . .

. . . .

Rozwiązanie quizu ze s. 71

1. b – 11 września 2001 roku
2. c – bohaterską obroną wąwozu pod Termopilami
3. b – do doskonałości i pokazania lepszej strony swojej natury
4. c – zmarł w tym samym roku, w którym wydał księgę
5. d – o Galileuszu
6. b – Wszystko nieustannie podlega zmianie
7. Na przykład: afirmowanie, głębokie oddechy, przeczekanie, wypracowanie własnej procedury redukującej lęk, poszerzanie wiedzy, studiowanie biografii ludzi odważnych.
8. a – perfekcyjnym lądowaniem uszkodzonym boeingiem
9. d – Albert Einstein
10. Spartakus – przewodzenie buntowi niewolników

    Joanna d'Arc – obrona Orleanu

    Zawisza Czarny – zwycięskie walki rycerskie

    Irena Sendlerowa – ratowanie dzieci żydowskich w czasie wojny
11. b – bądź silny i mocny

Notatki

Notatki

Notatki

Słowniczek

afirmacja
Zdanie, które wielokrotnie powtarzane wpływa na osobowość człowieka. Powinno być sformułowane w formie twierdzącej i w czasie teraźniejszym.

Biblia
Natchnione Słowo Boże. Zbiór ponadczasowych informacji na temat źródeł szczęścia i spełnienia oraz wskazówek istotnych dla określenia systemu wartości człowieka. Abraham Lincoln powiedział kiedyś, że prawdziwie wykształcony człowiek to ten, kto choć raz przeczytał Biblię.

cechy kluczowe
Należą do nich: wiara w siebie, wnikliwość, wytrwałość, odwaga, entuzjazm i realizm.

determinacja
Dążenie do celu bez względu na piętrzące się trudności. Przekształca pracę w pasję.

dwulicowość
Głoszenie różnych poglądów w zależności od rozmówcy i okoliczności.

entuzjazm
Stan emocjonalnego zaangażowania, synonim zapału, gorliwości, żarliwości, wiąże się z nim także determinacja, motywacja do działania, świadomość życiowego celu oraz pasja.

geocentryczna teoria
Teoria budowy wszechświata, według której centrum kosmosu stanowi nieruchoma Ziemia, a wokół niej krążą pozostałe ciała niebieskie (np. Słońce, planety). Obowiązywała w astronomii do czasu przewrotu kopernikańskiego w XVI w.

getto
Wydzielona i odizolowana część miasta dla mniejszości narodowych i etnicznych, którym wolno było się osiedlać tylko tam. W czasie II wojny światowej hitlerowcy stworzyli odgrodzone murem i strzeżone getta dla Żydów, zaplanowane jako pierwszy etap zagłady tego narodu.

gladiator
Niewolnik walczący na arenie, np. w starożytnym Rzymie.

heliocentryczna teoria
Teoria budowy wszechświata, według której pierwotnie uważano, że Słońce stanowi centrum kosmosu, zaś współcześnie (od czasów przewrotu kopernikańskiego) – że Słońce stanowi centrum Układu Słonecznego, a wszystkie planety (w tym Ziemia) je obiegają.

herezja
Głoszenie poglądów sprzecznych z powszechnie przyjętymi lub z dogmatami religijnymi.

konformizm
Myślenie i zachowywanie się w taki sposób, jak większość, bezkrytyczne podporządkowywanie się normom obowiązującym w danej grupie.

lęk (strach)
Uczucie obawy przed czymś, które nie musi się wiązać z jakimś konkretnym ryzykiem, ale towarzyszy niemal każdej zmianie. Powinien być

utrzymywany na właściwym poziomie (zbyt wysoki paraliżuje działanie, zbyt niski nie chroni przed niebezpieczeństwem i niepotrzebną brawurą). Lęk osłabiają: pozytywne myślenie, nazwanie go, afirmacje, wizualizacje, a także dodatkowe czynności, np. głębokie oddechy (tzw. przeoddychanie sytuacji) oraz zwyczajne przeczekanie.

marzenie
Powstający w wyobraźni ciąg obrazów i myśli odzwierciedlających pragnienia, często nawet najbardziej niedosiężne, ale mające zawsze choćby jeden element realizmu, na bazie którego można wyznaczyć cel.

mądrość
Wiedza, inteligencja i doświadczenie; działanie z namysłem, rozwagą.

nawyk
Zautomatyzowana czynność, wyuczona przez powtarzanie.

odwaga

Jest rozumiana dwojako: jako męstwo żołnierza i jako siła ducha. W tym drugim przypadku oznacza wypowiadanie się i postępowanie zgodnie z własnymi przekonaniami, nawet jeśli to jest niebezpieczne, trudne lub niewygodne. Pozwala na podejmowanie niepopularnych działań. Odwagę wzmacnia: specjalistyczna wiedza, doświadczenie, studiowanie biografii ludzi odważnych, pasja, wizualizowanie tej cechy.

oportunizm

Przystosowywanie się do okoliczności i rezygnowanie z własnego zdania dla osiągania korzyści. Skrajny konformizm.

pasja

Rodzaj zainteresowania, któremu poświęca się większość wolnego czasu, zajmuje się nim z przyjemnością, nawet jeśli nie przynosi wymiernego zysku.

pozytywne myślenie
Świadome zauważanie pozytywnych aspektów każdej sytuacji, dostrzeganie w ludziach i zdarzeniach ich dobrych stron.

procedura
Postępowanie według określonych zasad, przepisów czy reguł.

przewrót kopernikański
Rewolucyjna zmiana mająca wpływ na światopogląd i wszystkie dziedziny życia, wywołana ogłoszeniem przez M. Kopernika dzieła O obrotach sfer niebieskich, które wprowadziło nowy heliocentryczny model budowy Układu Słonecznego, w którym Ziemia krąży wokół Słońca. Zainicjował powstanie nowożytnej nauki.

siła ducha (hart ducha)
Dzielność człowieka wykazywana w różnych innych sytuacjach. Dotyczy przede wszystkim umiejętności obrony swoich poglądów.

sprawiedliwość
Moralne, uczciwe działanie, które nie wyrządza nikomu krzywdy. Przykładanie tej samej miary etycznej do działania wszystkich ludzi.

taoizm
Chiński system filozoficzno-religijny pochodzący z czasów starożytnych, jedna z dwóch najważniejszych doktryn w Chinach (obok konfucjanizmu). Głosił duchowo-materialną jedność świata, harmonię wszystkich zjawisk (tao), akceptację naturalnego porządku w przyrodzie i społeczeństwie (zasada wu-wei), wolność i sceptycyzm wobec konwencji.

umiarkowanie
Powściągliwość, zachowywanie umiaru, wyważone sądy i postępowanie w każdej sytuacji.

wiara w siebie
Mocne przeświadczenie, rodzaj przeczucia, że to, co zamierza się zrobić lub już realizuje, przyniesie w bliższej lub dalszej przyszłości oczekiwane efekty, że podjęte działanie ma sens. To

przeświadczenie nie jest bezpodstawne, bo opiera się na poczuciu własnej wartości.

wizualizacja
Dokładne wyobrażenie sobie danej sytuacji z zakończeniem w wersji optymistycznej. Metoda wzmacniająca kluczowe cechy osobowości.

wychowanie
Świadome oddziaływanie na człowieka, głównie poprzez rodzinę i szkołę, w celu uczenia go odpowiednich zachowań.

Źródła i inspiracje

Albright M., Carr C., *Największe błędy menedżerów*, Warszawa 1997.

Allen B.D., Allen W.D., *Formuła 2+2. Skuteczny coaching*, Warszawa 2006.

Anderson Ch., *Za darmo: przyszłość najbardziej radykalnej z cen*, Kraków 2011.

Anthony R., *Pełna wiara w siebie*, Warszawa 2005.

Ariely D., *Zalety irracjonalności. Korzyści z postępowania wbrew logice w domu i pracy*, Wrocław 2010.

Bates W.H., *Naturalne leczenie wzroku bez okularów*, Katowice 2011.

Bettger F., *Jak umiejętnie sprzedawać i zwielokrotnić dochody*, Warszawa 1995.

Blanchard K., Johnson S., *Jednominutowy menedżer*, Konstancin-Jeziorna 1995.

Blanchard K., O'Connor M., *Zarządzanie poprzez wartości*, Warszawa 1998.

Bogacka A.W., *Zdrowie na talerzu*, Białystok 2008.

Bollier D., *Mierzyć wyżej. Historie 25 firm, które osiągnęły sukces, łącząc skuteczne zarządzanie z realizacją misji społecznych*, Warszawa 1999.

Bond W.J., *199 sytuacji, w których tracimy czas, i jak ich uniknąć*, Gdańsk 1995.

Bono E. de, *Dziecko w szkole kreatywnego myślenia*, Gliwice 2010.

Bono E. de, *Sześć kapeluszy myślowych*, Gliwice 2007.

Bono E. de, *Sześć ram myślowych*, Gliwice 2009.

Bono E. de, *Wodna logika. Wypłyń na szerokie wody kreatywności*, Gliwice 2011.

Bossidy L., Charan R., *Realizacja. Zasady wprowadzania planów w życie*, Warszawa 2003.

Branden N., *Sześć filarów poczucia własnej wartości*, Łódź 2010.

Branson R., *Zaryzykuj – zrób to! Lekcje życia*, Warszawa-Wesoła 2012.

Brothers J., Eagan E, *Pamięć doskonała w 10 dni*, Warszawa 2000.

Buckingham M., *To jedno, co powinieneś wiedzieć… o świetnym zarządzaniu, wybitnym przywództwie i trwałym sukcesie osobistym*, Warszawa 2006.

Buckingham M., *Wykorzystaj swoje silne strony. Użyj dźwigni swojego talentu*, Warszawa 2010.

Buckingham M., Clifton D.O., *Teraz odkryj swoje silne strony*, Warszawa 2003.

Butler E., Pirie M., *Jak podwyższyć swój iloraz inteligencji?*, Gdańsk 1995.

Buzan T., *Mapy myśli*, Łódź 2008.

Buzan T., *Pamięć na zawołanie*, Łódź 1999.

Buzan T., *Podręcznik szybkiego czytania*, Łódź 2003.

Buzan T., *Potęga umysłu. Jak zyskać sprawność fizyczną i umysłową: związek umysłu i ciała*, Warszawa 2003.

Buzan T., Dottino T., Israel R., *Zwykli ludzie – liderzy. Jak maksymalnie wykorzystać kreatywność pracowników*, Warszawa 2008.

Carnegie D., *I ty możesz być liderem*, Warszawa 1995.

Carnegie D., *Jak przestać się martwić i zacząć żyć*, Warszawa 2011.

Carnegie D., *Jak zdobyć przyjaciół i zjednać sobie ludzi*, Warszawa 2011.

Carnegie D., *Po szczeblach słowa. Jak stać się doskonałym mówcą i rozmówcą*, Warszawa 2009.

Carnegie D., Crom M., Crom J.O., *Szkoła biznesu. O pozyskiwaniu klientów na zawsze*, Warszawa 2003.

Cialdini R., *Wywieranie wpływu na ludzi*, Gdańsk 1998.

Clegg B., *Przyspieszony kurs rozwoju osobistego*, Warszawa 2002.

Cofer C.N., Appley M.H., *Motywacja: teoria i badania*, Warszawa 1972.

Cohen H., *Wszystko możesz wynegocjować. Jak osiągnąć to, co chcesz*, Warszawa 1997.

Covey S.R., *3. rozwiązanie*, Poznań 2012.

Covey S.R., *7 nawyków skutecznego działania*, Poznań 2007.

Covey S.R., *8. nawyk*, Poznań 2006.

Covey S.R., Merrill A.R., Merrill R.R., *Najpierw rzeczy najważniejsze*, Warszawa 2007.

Craig M., *50 najlepszych (i najgorszych) interesów w historii biznesu*, Warszawa 2002.

Csikszentmihalyi M., *Przepływ: psychologia optymalnego doświadczenia*, Wrocław 2005.

Davis R.C., Lindsmith B., *Ludzie renesansu: umysły, które ukształtowały erę nowożytną*, Poznań 2012.

Davis R.D., Braun E.M., *Dar dysleksji. Dlaczego niektórzy zdolni ludzie nie umieją czytać i jak mogą się nauczyć*, Poznań 2001.

Dearlove D., *Biznes w stylu Richarda Bransona. 10 tajemnic twórcy megamarki*, Gdańsk 2009.

DeVos D., *Podstawy wolności. Wartości decydujące o sukcesie jednostek i społeczeństw*, Konstancin-Jeziorna 1998.

DeVos R.M., Conn Ch.P., *Uwierz! Credo człowieka czynu, współzałożyciela Amway Corporation, hołdującego zasadom, które uczyniły Amerykę wielką*, Warszawa 1994.

Dixit A.K., Nalebuff B.J., *Myślenie strategiczne. Jak zapewnić sobie przewagę w biznesie, polityce i życiu prywatnym*, Gliwice 2009.

Dixit A.K., Nalebuff B.J., *Sztuka strategii. Teoria gier w biznesie i życiu prywatnym*, Warszawa 2009.

Dobson J., *Jak budować poczucie wartości w swoim dziecku*, Lublin 1993.

Doskonalenie strategii (seria Harvard Bussines Review), praca zbiorowa, Gliwice 2006.

Dryden G., Vos J., *Rewolucja w uczeniu*, Poznań 2000.

Dyer W.W., *Kieruj swoim życiem*, Warszawa 2012.

Dyer W.W., *Pokochaj siebie*, Warszawa 2008.

Edelman R.C., Hiltabiddle T.R., Manz Ch.C., *Syndrom miłego człowieka*, Gliwice 2010.

Eichelberger W., Forthomme P., Nail F., *Quest. Twoja droga do sukcesu. Nie ma prostych recept na sukces, ale są recepty skuteczne*, Warszawa 2008.

Enkelmann N.B., *Biznes i motywacja*, Łódź 1997.

Eysenck H. i M., *Podpatrywanie umysłu. Dlaczego ludzie zachowują się tak, jak się zachowują?*, Gdańsk 1996.

Ferriss T., *4-godzinny tydzień pracy. Nie bądź płatnym niewolnikiem od 7.00 do 17.00*, Warszawa 2009.

Flexner J.T., *Waschington. Człowiek niezastąpiony*, Warszawa 1990.

Forward S., Frazier D., *Szantaż emocjonalny: jak obronić się przed manipulacją i wykorzystaniem*, Gdańsk 2011.

Frankl V.E., *Człowiek w poszukiwaniu sensu*, Warszawa 2009.

Fraser J.F., *Jak Ameryka pracuje*, Przemyśl 1910.

Freud Z., *Wstęp do psychoanalizy*, Warszawa 1994.

Fromm E., *Mieć czy być*, Poznań 2009.

Fromm E., *Niech się stanie człowiek. Z psychologii etyki*, Warszawa 2005.

Fromm E., *O sztuce miłości*, Poznań 2002.

Fromm E., *O sztuce słuchania. Terapeutyczne aspekty psychoanalizy*, Warszawa 2002.

Fromm E., *Serce człowieka. Jego niezwykła zdolność do dobra i zła*, Warszawa 2000.

Fromm E., *Ucieczka od wolności*, Warszawa 2001.

Fromm E., *Zerwać okowy iluzji*, Poznań 2000.

Galloway D., *Sztuka samodyscypliny*, Warszawa 1997.

Gardner H., *Inteligencje wielorakie – teoria w praktyce*, Poznań 2002.

Gawande A., *Potęga checklisty: jak opanować chaos i zyskać swobodę w działaniu*, Kraków 2012.

Gelb M.J., *Leonardo da Vinci odkodowany*, Poznań 2005.

Gelb M.J., Miller Caldicott S., *Myśleć jak Edison*, Poznań 2010.

Gelb M.J., *Myśleć jak geniusz*, Poznań 2004.

Gelb M.J., *Myśleć jak Leonardo da Vinci*, Poznań 2001.

Giblin L., *Umiejętność postępowania z innymi…*, Kraków 1993.

Girard J., Casemore R., *Pokonać drogę na szczyt*, Warszawa 1996.

Glass L., *Toksyczni ludzie*, Poznań 1998.

Godlewska M., *Jak pokonałam raka*, Białystok 2011.

Godwin M., *Kim jestem? 101 dróg do odkrycia siebie*, Warszawa 2001.

Goleman D., *Inteligencja emocjonalna*, Poznań 2002.

Gordon T., *Wychowywanie bez porażek szefów, liderów, przywódców*, Warszawa 1996.

Gorman T., *Droga do skutecznych działań. Motywacja*, Gliwice 2009.

Gorman T., *Droga do wzrostu zysków. Innowacja*, Gliwice 2009.

Greenberg H., Sweeney P., *Jak odnieść sukces i rozwinąć swój potencjał*, Warszawa 2007.

Habeler P., Steinbach K., *Celem jest szczyt*, Warszawa 2011.

Hamel G., Prahalad C.K., *Przewaga konkurencyjna jutra*, Warszawa 1999.

Hamlin S., *Jak mówić, żeby nas słuchali*, Poznań 2008.

Hill N., *Klucze do sukcesu*, Warszawa 1998.

Hill N., *Magiczna drabina do sukcesu*, Warszawa 2007.

Hill N., *Myśl!... i bogać się. Podręcznik człowieka interesu*, Warszawa 2012.

Hill N., *Początek wielkiej kariery*, Gliwice 2009.

Ingram D.B., Parks J.A., *Etyka dla żółtodziobów, czyli wszystko, co powinieneś wiedzieć o...*, Poznań 2003.

Jagiełło J., Zuziak W. [red.], *Człowiek wobec wartości*, Kraków 2006.

James W., *Pragmatyzm*, Warszawa 2009.

Jamruszkiewicz J., *Kurs szybkiego czytania*, Chorzów 2002.

Johnson S., *Tak czy nie. Jak podejmować dobre decyzje*, Konstancin-Jeziorna 1995.

Jones Ch., *Życie jest fascynujące*, Konstancin-Jeziorna 1993.

Kanter R.M., *Wiara w siebie. Jak zaczynają się i kończą dobre i złe passy*, Warszawa 2006.

Keller H., *Historia mojego życia*, Warszawa 1978.

Kirschner J., *Zwycięstwo bez walki. Strategie przeciw agresji*, Gliwice 2008.

Koch R., *Zasada 80/20. Lepsze efekty mniejszym nakładem sił i środków*, Konstancin-Jeziorna 1998.

Kopmeyer M.R., *Praktyczne metody osiągania sukcesu*, Warszawa 1994.

Ksenofont, *Cyrus Wielki. Sztuka zwyciężania*, Warszawa 2008.

Kuba A., Hausman J., *Dzieje samochodu*, Warszawa 1973.

Kumaniecki K., *Historia kultury starożytnej Grecji i Rzymu*, Warszawa 1964.

Lamont G., *Jak podnieść pewność siebie*, Łódź 2008.

Leigh A., Maynard M., *Lider doskonały*, Poznań 1999.

Littauer F., *Osobowość plus*, Warszawa 2007.

Loreau D., *Sztuka prostoty*, Warszawa 2009.

Lott L., Intner R., Mendenhall B., *Autoterapia dla każdego. Spróbuj w osiem tygodni zmienić swoje życie*, Warszawa 2006.

Maige Ch., Muller J.-L., *Walka z czasem. Atut strategiczny przedsiębiorstwa*, Warszawa 1995.

Mansfield P., *Jak być asertywnym*, Poznań 1994.

Martin R., *Niepokorny umysł. Poznaj klucz do myślenia zintegrowanego*, Gliwice 2009.

Maslow A., *Motywacja i osobowość*, Warszawa 2009.

Matusewicz Cz., *Wprowadzenie do psychologii*, Warszawa 2011.

Maxwell J.C., *21 cech skutecznego lidera*, Warszawa 2012.

Maxwell J.C., *Tworzyć liderów, czyli jak wprowadzać innych na drogę sukcesu*, Konstancin-Jeziorna 1997.

Maxwell J.C., *Wszyscy się komunikują, niewielu potrafi się porozumieć*, Warszawa 2011.

McCormack M.H., *O zarządzaniu*, Warszawa 1998.

McElroy K., *Jak inwestować w nieruchomości. Znajdź ukryte zyski, których większość inwestorów nie dostrzega*, Osielsko 2008.

McGee P., *Pewność siebie. Jak mała zmiana może zrobić wielką różnicę*, Gliwice 2011.

McGrath H., Edwards H., *Trudne osobowości. Jak radzić sobie ze szkodliwymi zachowaniami innych oraz własnymi*, Poznań 2010.

Mellody P., Miller A.W., Miller J.K., *Toksyczna miłość i jak się z niej wyzwolić*, Warszawa 2013.

Melody B., *Koniec współuzależnienia*, Poznań 2002.

Miller M., *Style myślenia*, Poznań 2000.
Mingotaud F., *Sprawny kierownik. Techniki osiągania sukcesów*, Warszawa 1994.
MJ DeMarco, *Fastlane milionera*, Katowice 2012.
Morgenstern J., *Jak być doskonale zorganizowanym*, Warszawa 2000.
Nay W.R., *Związek bez gniewu. Jak przerwać błędne koło kłótni, dąsów i cichych dni*, Warszawa 2011.
Nierenberg G.I., *Ekspert. Czy nim jesteś?*, Warszawa 2001.
Ogger G., *Geniusze i spekulanci, Jak rodził się kapitalizm*, Warszawa 1993.
Osho, *Księga zrozumienia. Własna droga do wolności*, Warszawa 2009.
Parkinson C.N., *Prawo pani Parkinson*, Warszawa 1970.
Peale N.V., *Entuzjazm zmienia wszystko. Jak stać się zwycięzcą*, Warszawa 1996.
Peale N.V., *Możesz, jeśli myślisz, że możesz*, Warszawa 2005.
Peale N.V., *Rozbudź w sobie twórczy potencjał*, Warszawa 1997.

Peale N.V., *Uwierz i zwyciężaj. Jak zaufać swoim myślom i poczuć pewność siebie*, Warszawa 1999.

Pietrasiński Z., *Psychologia sprawnego myślenia*, Warszawa 1959.

Pilikowski J., *Podróż w świat etyki*, Kraków 2010.

Pink D.H., *Drive*, Warszawa 2011.

Pirożyński M., *Kształcenie charakteru*, Poznań 1999.

Pismo Święte Starego i Nowego Testamentu. Biblia Tysiąclecia, Warszawa 2002.

Pismo Święte w Przekładzie Nowego Świata, 1997.

Popielski K., *Psychologia egzystencji. Wartości w życiu*, Lublin 2009.

Poznaj swoją osobowość, Bielsko-Biała 1996.

Przemieniecki J., *Psychologia jednostki. Odkoduj szyfr do swego umysłu*, Warszawa 2008.

Pszczołowski T., *Umiejętność przekonywania i dyskusji*, Gdańsk 1998.

Reiman T., *Potęga perswazyjnej komunikacji*, Gliwice 2011.

Robbins A., *Nasza moc bez granic. Skuteczna metoda osiągania życiowych sukcesów za pomocą NLP*, Konstancin-Jeziorna 2009.

Robbins A., *Obudź w sobie olbrzyma... i miej wpływ na całe swoje życie – od zaraz*, Poznań 2002.
Robbins A., *Olbrzymie kroki*, Warszawa 2001.
Robert M., *Nowe myślenie strategiczne: czyste i proste*, Warszawa 2006.
Robinson J.W., *Imperium wolności. Historia Amway Corporation*, Warszawa 1997.
Rose C., Nicholl M.J., *Ucz się szybciej, na miarę XXI wieku*, Warszawa 2003.
Rose N., *Winston Churchill. Życie pod prąd*, Warszawa 1996.
Rychter W., *Dzieje samochodu*, Warszawa 1962.
Ryżak Z., *Zarządzanie energią kluczem do sukcesu*, Warszawa 2008.
Savater F., *Etyka dla syna*, Warszawa 1996.
Schäfer B., *Droga do finansowej wolności. Pierwszy milion w ciągu siedmiu lat*, Warszawa 2011.
Schäfer B., *Zasady zwycięzców*, Warszawa 2007.
Scherman J.R., *Jak skończyć z odwlekaniem i działać skutecznie*, Warszawa 1995.
Schuller R.H., *Ciężkie czasy przemijają, bądź silny i przetrwaj je*, Warszawa 1996.

Schwalbe B., Schwalbe H., Zander E., *Rozwijanie osobowości. Jak zostać sprzedawcą doskonałym*, tom 2, Warszawa 1994.

Schwartz D.J., *Magia myślenia kategoriami sukcesu*, Konstancin-Jeziorna 1994.

Schwartz D.J., *Magia myślenia na wielką skalę. Jak zaprząc duszę i umysł do wielkich osiągnięć*, Warszawa 2008.

Scott S.K., *Notatnik milionera. Jak zwykli ludzie mogą osiągać niezwykłe sukcesy*, Warszawa 1997.

Sedlak K. [red.], *Jak poszukiwać i zjednywać najlepszych pracowników*, Kraków 1995.

Seiwert L.J., *Jak organizować czas*, Warszawa 1998.

Seligman M.E.P., *Co możesz zmienić, a czego nie możesz*, Poznań 1995.

Seligman M.E.P., *Pełnia życia*, Poznań 2011.

Seneka, *Myśli*, Kraków 1989.

Sewell C., Brown P.B., *Klient na całe życie, czyli jak przypadkowego klienta zmienić w wiernego entuzjastę naszych usług*, Warszawa 1992.

Słownik pisarzy antycznych, Warszawa 1982.

Smith A., *Umysł*, Warszawa 1989.

Spector R., *Amazon.com. Historia przedsiębiorstwa, które stworzyło nowy model biznesu*, Warszawa 2000.

Spence G., *Jak skutecznie przekonywać… wszędzie i każdego dnia*, Poznań 2001.

Sprenger R.K., *Zaufanie # 1*, Warszawa 2011.

Staff L., *Michał Anioł*, Warszawa 1990.

Stone D.C., *Podążaj za swymi marzeniami*, Konstancin-Jeziorna 1998.

Swiet J., *Kolumb*, Warszawa 1979.

Szurawski M., *Pamięć. Trening interaktywny*, Łódź 2004.

Szyszkowska M., *W poszukiwaniu sensu życia*, Warszawa 1997.

Tatarkiewicz W., *O szczęściu*, Warszawa 1979.

Tavris C., Aronson E., *Błądzą wszyscy (ale nie ja)*, Sopot–Warszawa 2008.

Tracy B., *Milionerzy z wyboru. 21 tajemnic sukcesu*, Warszawa 2002.

Tracy B., *Plan lotu. Prawdziwy sekret sukcesu*, Warszawa 2008.

Tracy B., Scheelen F.M. *Osobowość lidera*, Warszawa 2001.

Tracy B., *Sztuka zatrudniania najlepszych. 21 praktycznych i sprawdzonych technik do wykorzystania od zaraz*, Warszawa 2006.

Tracy B., *Turbostrategia. 21 skutecznych sposobów na przekształcenie firmy i szybkie zwiększenie zysków*, Warszawa 2004.

Tracy B., *Zarabiaj więcej i awansuj szybciej. 21 sposobów na przyspieszenie kariery*, Warszawa 2007.

Tracy B., *Zarządzanie czasem*, Warszawa 2008.

Tracy B., *Zjedz tę żabę. 21 metod podnoszenia wydajności w pracy i zwalczania skłonności do zwlekania*, Warszawa 2005.

Twentier J.D., *Sztuka chwalenia ludzi*, Warszawa 1998.

Urban H., *Moc pozytywnych słów*, Warszawa 2012.

Ury W., *Odchodząc od nie. Negocjowanie od konfrontacji do kooperacji*, Warszawa 2000.

Vitale J., *Klucz do sekretu. Przyciągnij do siebie wszystko, czego pragniesz*, Gliwice 2009.

Waitley D., *Być najlepszym*, Warszawa 1998.

Waitley D., *Imperium umysłu*, Konstancin–Jeziorna 1997.

Waitley D., *Podwójne zwycięstwo*, Warszawa 1996.
Waitley D., *Sukces zależy od właściwego momentu*, Warszawa 1997.
Waitley D., Tucker R.B., *Gra o sukces. Jak zwyciężać w twórczej rywalizacji*, Warszawa 1996.
Walton S., Huey J., *Sam Walton. Made in America*, Warszawa 1994.
Waterhouse J., Minors D., Waterhouse M., *Twój zegar biologiczny. Jak żyć z nim w zgodzie*, Warszawa 1993.
Wegscheider-Cruse S., *Poczucie własnej wartości. Jak pokochać siebie*, Gdańsk 2007.
Wilson P., *Idealna równowaga. Jak znaleźć czas i sposób na pełnię życia*, Warszawa 2010.
Ziglar Z., *Do zobaczenia na szczycie*, Warszawa 1995.
Ziglar Z., *Droga na szczyt*, Konstancin–Jeziorna 1995.
Ziglar Z., *Ponad szczytem*, Warszawa 1995.

INNE KSIĄŻKI WYDAWCY

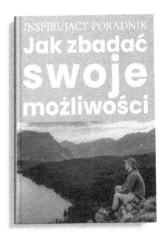

Wersje audio i e-book dostępne u naszych partnerów.
Audiobook – Audioteka i Storytel
E-book – Empik i Nexto

INNE KSIĄŻKI WYDAWCY

Wersje audio i e-book dostępne u naszych partnerów.
Audiobook – Audioteka i Storytel
E-book – Empik i Nexto

INNE KSIĄŻKI WYDAWCY

Wersje audio i e-book dostępne u naszych partnerów.
Audiobook – Audioteka i Storytel
E-book – Empik i Nexto

CPSIA information can be obtained
at www.ICGtesting.com
Printed in the USA
BVHW080553170721
612126BV00007B/531